TUS
SIETE CENTROS
DE
ENERGÍA

TUS
SIETE CENTROS
DE
ENERGÍA

Una perspectiva holística
sobre la vitalidad
física, emocional y espiritual

ELIZABETH CLARE PROPHET
Y PATRICIA R. SPADARO

SUMMIT UNIVERSITY ⚡ PRESS ESPAÑOL®

TUS SIETE CENTROS DE ENERGÍA
Una perspectiva holística sobre la vitalidad física,
emocional y espiritual
de Elizabeth Clare Prophet y Patricia R. Spadaro

Título original: Your Seven Energy Centers
A Holistic Approach to Physical, Emotional and Spiritual Vitality
Copyright © 2000 Summit Publications, Inc.
Reservados todos los derechos.

Copyright de la traducción © 2015 Summit Publications, Inc.
Reservados todos los derechos.

Ninguna parte de este libro puede reproducirse, traducirse,
ni almacenarse, exponerse o transmitirse electrónicamente,
ni utilizarse en cualquier formato sin autorización escrita,
excepto por críticos en breves reseñas.

Para más información, contacte con
Summit University Press Español
63 Summit Way, Gardiner, MT 59030-9314 USA
Tel: 1-800-245-5445 o +1 406-848-9500
SummitUniversityPress.com; SummitLighthouse.org
SummitUniversity.org

Nº de tarjeta en el catálogo de la Biblioteca del Congreso
de los EE.UU.: 2015950829
ISBN: 978-1-60988-267-9 (rústica)
ISBN: 978-1-60988-268-6 (eBook)

SUMMIT UNIVERSITY ♆ PRESS ESPAÑOL®

Summit University Press no garantiza que las terapias holísticas
o las prácticas de meditación descritas en este libro ofrezcan a
cualquier persona y en cualquier momento resultados exitosos.
Estas se presentan solo son fines informativos y no quieren
sustituir el diagnóstico o los cuidados de la medicina tradicional.

Summit University Press Español® y ♆ son marcas inscritas
en el Registro de Marcas de los EE.UU. y de otros países.
Reservados todos los derechos.

1a edición: octubre 2015
Impreso en los Estados Unidos de América.

19 18 17 16 15   1 2 3 4 5

Índice

ÍNDICE

Nota: Por razones prácticas del lenguaje, con frecuencia hemos utilizado *él* para referirnos a Dios o al individuo y *hombre* para referirnos a las personas en general. Estos términos tienen el fin de facilitar la lectura y no el de excluir a las mujeres ni los aspectos femeninos de la Divinidad. De igual modo, el uso que hacemos de la palabra Dios o Espíritu no quiere excluir otras expresiones que se refieren a lo Divino.

La integración del cuerpo, la mente y el espíritu

El cuerpo humano es sólo vitalidad,
energía y espíritu… Si quieres aprender
el Gran Camino, debes valorar los tres tesoros.

—LÜ YEN

Vitalidad. Todo el mundo la anhela, pero en el mundo complejo y estresante donde vivimos actualmente pocos sabemos cómo atraerla… y mantenerla. Ello se debe a que la verdadera vitalidad es más que dormir bien, tomar vitaminas o hacer pesas. La verdadera vitalidad es física, emocional y espiritual.

Es el resultado de entender cuál es el recurso natural más importante con que cuentas: la energía. Y se produce cuando sabes cómo establecer un sólido vínculo con tu fuente de energía, cómo despejar los bloqueos que te impiden esa conexión y cómo controlar el flujo de energía de modo que puedas expresar tu pleno potencial.

La sabiduría que desde tiempos inmemoriales se ha cultivado en las doctrinas espirituales del mundo tiene mucho que enseñarnos a propósito de la ciencia consistente en revitalizar cuerpo, mente y alma. De continuo estas tradiciones refieren siete niveles del ser y siete centros desde donde se realiza el intercambio de energías entre el mundo espiritual y el nuestro.

Los siete cielos del judaísmo, los siete niveles del Árbol de la Vida[1] de la cábala, los siete sacramentos del cristianismo, los siete chakras del hinduismo y el budismo: todos ellos constituyen formas de describir ese vínculo con niveles más elevados de conciencia espiritual cuyo objetivo es acelerar el flujo de energía desde el Espíritu hasta la materia, desde el cielo hasta la tierra, desde dentro hacia fuera.

El punto de partida de este libro lo configura la antigua ciencia oriental de los siete centros de energía del cuerpo, llamados chakras. La red establecida por los chakras conforma una guía al estilo de un mapa de carreteras, que te permite explorar tus mundos físico, emocional y espiritual, ya que, por cuanto respecta a ti y a tu vitalidad, la cosa es más compleja de lo que parece a simple vista.

Coordenadas del Espíritu

Nuestros centros de energía operan a niveles sutiles, no visibles al ojo físico. Y sin embargo influyen en todos los aspectos de nuestra vida, incluidas la vitalidad, la creatividad y el bienestar.

En pocas palabras, piensa en los centros de energía como en estaciones emisoras y receptoras de la energía que fluye hacia ti, a través de ti y desde ti a cada momento. Cada centro funciona como un transformador reductor que transporta esta poderosa energía desde el Espíritu hasta un nivel diferente de nuestro ser, nutriendo el cuerpo, la mente y el alma. Y cada uno de esos centros desempeña un papel especial en el proceso del día a día y en el crecimiento espiritual.

Los siete principales centros de energía se hallan situados en los niveles etéricos de nuestro ser sobre la columna vertebral: en la base de la columna, en el punto intermedio entre la base y el ombligo, en el ombligo, en el corazón, en la garganta, en el entrecejo y en la parte superior de la cabeza.[2] Todos hemos experimentado alguna vez el fluir de la energía por nuestros siete chakras, nos hayamos dado cuenta de ello o no.

La energía del chakra de la base de la columna nos permite conectarnos con la tierra y la naturaleza y tener los pies firmemente asentados en el suelo, es decir, ser prácticos a medida que vamos dominando el día a día, el nivel físico de la existencia. Dicho chakra, junto con el de la sede del alma, rige nuestra sexualidad. El chakra de la sede del alma nos transmite las reacciones viscerales y los presentimientos, y a través de él liberamos a nuestra alma con objeto de que lleve a cabo el plan de su vida. A través del chakra del plexo solar, que es nuestro centro de la paz, expresamos y dominamos nuestras emociones y nuestros deseos.

El centro que reside en el corazón nos inspira compasión y generosidad para ser amor en acción. El centro de la garganta nos permite acceder al tremendo poder de la voluntad y de la palabra hablada con el fin de generar cambios personales y mundiales. Gracias al centro del tercer ojo nos concentramos, vemos con claridad una situación y contactamos con la verdad suprema. Por último, el chakra de la coronilla nos enlaza con nuestro intelecto, nos permite recibir repentinos destellos de iluminación y experimentarla.

Los chakras son puntos de contacto con las dimensiones de nuestro ser que trascienden el físico pero encajan en él. Podríamos decir que son coordenadas del Espíritu situadas dentro de nuestro cuerpo.

Es antiguo el concepto de que el mundo espiritual se refleja en el material. «Como es el átomo, es el universo», afirman los Upanishads. «En el interior de una semilla de mijo cabe encontrar todo un universo… En la pupila del ojo, un cielo infinito», escribió el poeta sufí Mahmud Shabestari. El famoso axioma hermético reza: «Como es lo grande, es lo pequeño; como es arriba, es abajo». Expresándolo de otro modo, cabría decir que el patrón del Espíritu está indeleblemente grabado en el tejido de nuestro ser.

> *Lo que hay detrás y lo que hay delante de nosotros son pequeñeces comparado con lo que hay dentro.*
>
> —RALPH WALDO EMERSON

Los sabios y los sanadores del mundo explican

que como consecuencia de nuestra resonancia con lo divino, el poder de curar se encuentra dentro de nosotros mismos. El vidente y sanador del siglo xx Edgar Cayce, por ejemplo, enseñó que toda curación procede del hecho de «armonizar cada átomo del cuerpo, cada reflejo de las fuerzas del cerebro con la percepción de lo divino» que yace en el interior de cada átomo y célula del cuerpo. También sostuvo que la verdadera curación sólo puede producirse una vez que ha despertado el yo espiritual.

Los siete centros de energía de nuestro cuerpo son la puerta de entrada a ese yo espiritual. Cuando entendemos cómo funcionan, podemos colaborar con ellos para restablecer el equilibrio en nuestro cuerpo, mente y emociones con su verdadera naturaleza.

Las ruedas de la vida

La palabra *chakra* en sánscrito significa «rueda» o «disco». Se utiliza un loto con distinto número de pétalos para ilustrar simbólicamente cada chakra. Cuantos más pétalos tiene, mayor es su velocidad o vibración. Los antiguos sabios enseñaban que la fuerza vital espiritual primordial (conocida como la kundalini) se encuentra sellada en el chakra situado en la base de la columna.

Podemos liberar esa poderosa energía latente por medio de actos de amor, servicio a la vida, meditación y oración. Al elevarse la kundalini por la columna, activa cada chakra que atraviesa provocando el giro de la «rueda», el florecimiento del «loto».

Al séptimo centro de energía, el chakra de la coronilla, se lo denomina el loto de mil pétalos. Cuando está totalmente abierto alcanzamos lo que los budistas llaman «la iluminación». Las estatuas y tankas muestran imágenes de budas —los cuales han llegado a ese estado— con un aura de fuego en torno a su cuerpo y una protuberancia semejante a una llama, que brota de la parte superior de su cabeza. Los artistas cristianos ilustran ese logro por medio de un halo dorado que rodea la cabeza de los santos.

Al girar, cada centro de energía emana su propia frecuencia y color singulares que van parejos con uno de los siete rayos de luz del arco iris. Si nos pudiéramos ver a niveles espirituales observaríamos, no obstante, que la luz que sale de cada chakra varía en intensidad y pureza según esté la energía que fluye del canal de nuestros chakras: equilibrada o bloqueada. Las emanaciones más potentes y puras indican un flujo de energía poderoso y equilibrado. Las emanaciones más débiles y apagadas son indicio de un bloqueo del flujo de energía en ese chakra.

Cuando un centro de energía se encuentra bloqueado puede que sintamos fatiga o problemas de salud, desequilibrios emocionales y letargo. Cuando la energía fluye libremente por un centro de energía nos sentimos enérgicos, creativos y tranquilos.

La ciencia del flujo de energía

Toda la vida es energía. Los místicos han definido a Dios como luz, como energía y como el flujo de esa luz y energía.* La primera epístola de Juan en el Nuevo Testamento proclama que «Dios es luz». «En cada átomo —afirmó Shabestari— se halla la resplandeciente luz de mil soles». Y en el Tao Te King, el sabio chino Lao Tse instruye acerca de «algo indefinido pero completo en sí mismo, nacido antes de Cielo-y-Tierra. Silencioso e ilimitado, único e inmutable, aunque impregnándolo todo sin

---

* Algunas escuelas llaman a esta energía *chi* o *prana*.

excepción… No conozco su nombre; lo denomino "Tao"; y, a falta de mejor palabra, lo llamo "Lo Grande". Ser grande es proseguir, proseguir es ir lejos, ir lejos es retornar»[3].

Según Lao Tse, la definición de Espíritu Universal es flujo, movimiento. La vida corriendo por nuestras venas, nuestra mente, nuestro corazón, es energía, es movimiento, es Dios. Lao Tse relata que hay un orden natural en el universo y en nuestra vida, de manera que cuando funcionamos en contra de ese orden natural, creamos desarmonía e infelicidad.

La elección es nuestra. A cada instante la corriente cristalina de la vida desciende hacia nosotros desde nuestra Fuente a su ritmo natural. Esa energía va a parar primero al centro del corazón y luego a los demás chakras. Es la fuerza vital que hace latir nuestro corazón, nos da el ímpetu para crecer y evolucionar y estimula los órganos y sistemas del cuerpo.

De todos modos, siempre tenemos libre albedrío. Podemos expresar esa energía de manera positiva o echar a perder el flujo natural actuando sin sintonía con nuestra naturaleza espiritual. Por ejemplo, podemos utilizar la energía del corazón para ser amables, amorosos y caritativos por naturaleza o podemos usarla siendo tacaños o con fines egoístas. Podemos expresar el poder de nuestro centro de la garganta comunicándonos de forma atenta, o crítica.

Estas decisiones acarrean consecuencias. Cuando empleamos la energía para pensar, sentir o actuar de manera positiva atraemos más de esa energía positiva, como si estuviéramos accionando una bomba de aire. Cuando, por el contrario, damos forma a esa energía con patrones que no son fieles a nuestra naturaleza interna, creamos toxinas mentales y emocionales que bloquean el flujo de energía. Así como las toxinas y sustancias físicas tipo colesterol se acumulan en nuestras venas y arterias, obstruyendo la provisión vital de sangre, las toxinas mentales y emocionales que se acumulan a nivel energético en nuestros chakras y a su alrededor inhiben el libre flujo de energía dentro de nosotros.

> *Considérate en todo momento un ser de energía además de un ser físico.*
>
> —CAROLINE MYSS

Puesto que cada chakra exterioriza la energía que recibe por medio de una distinta glándula o zona del cuerpo, esos bloqueos afectan a nuestra salud provocándonos fatiga, depresión o enfermedades. O tal vez tengamos la sensación de no encontrar nuestro camino en la vida. Estimular un chakra en exceso (causándole continuo estrés), por defecto (ignorándolo o dejando que se debilite) o agotar su vitalidad natural (derrochando insensatamente su energía) son maneras de obstruir nuestro sistema energético.

Al estar nuestros centros de energía conectados entre sí, lo que ocurre en un chakra afecta a todo nuestro sistema de energía. Si alguno de los centros se bloquea, puede desbaratar el resto del sistema. Y no sólo eso: el estado de nuestros chakras influye en aquellos con quienes interactuamos. Esto se debe a que la energía contenida en los chakras colorea y contribuye a crear el campo de energía electromagnética llamado aura que nos rodea a cada uno, el cual penetra e influye en el campo energético de quienes están a nuestro alrededor, para bien o para mal. Ya sabes cómo te sientes estando al lado de una persona amable, alegre y amorosa, en comparación con otra deprimida o refunfuñona. Ambos estados son contagiosos.

Aguantar la energía

No es tanto *la calidad* de la vibración que emitimos desde nuestros chakras, sino *la cantidad* lo significativo para nuestra vitalidad y resistencia. ¿Cuánta energía podemos aguantar? Aquellos individuos que de continuo se enojan disponen de mucha energía que les corre por dentro, pero no pueden aguantarla y no poseen gran maestría.

Es una sencilla regla de tres: cuanta más energía podamos aguantar y dominar, más poder individual tendremos a nuestra disposición. Y cuanto más poder tengamos, más energía podremos utilizar para crear cambios positivos en nuestra vida y en la de quienes nos rodean. De hecho, aquellos que sostienen una enorme cantidad de energía en sus chakras pueden cambiar el espacio del mundo donde viven, e incluso mucho más. En este libro aprenderás a reconocer cuándo un centro de energía está obstruido, así como de qué manera eliminar ese bloqueo a fin de aumentar tu vitalidad y tu capacidad de ayudar a otros.

Diferentes formas de expresar nuestra espiritualidad

Otra reflexión acerca de los chakras es que cada uno de ellos nos ofrece una manera diferente de expresar nuestra espiritualidad personal. Cuando dedicas los fuegos de tu chakra del corazón a ayudar a una persona necesitada, vives una experiencia totalmente distinta a cuando te conectas con tu ingenio creativo por medio del chakra de la coronilla para instruir a alguien. Sin embargo, ambas constituyen formas de restablecer una conexión con tu esencia espiritual y de compartirla.

El modo en que cada cual experimenta de forma directa la esencia espiritual es el común denominador que une a los místicos de las religiones del mundo. Al margen del enfoque de sus planteamientos, todos ellos buscan un contacto directo con lo divino, ya lo llamen Cristo o Buda, Tao o Brahmán, Alá o Ein Sof o el Gran Espíritu.

La esencia de los centros energéticos del cuerpo nos brinda una manera práctica de entender cómo establecer el vínculo con el poder de lo divino; en palabras de los místicos, cómo convertirnos en un instrumento que Dios pueda utilizar para expandirse por el mundo. Eso es lo que en realidad significa dar poder: el poder de emplear la energía pura que fluye a través de nosotros para hacer el bien en la Tierra.

Siete etapas de crecimiento personal

Cada chakra nos proporciona la oportunidad de dominar otra dimensión de energía y con ello adquirir otro nivel de conciencia, profundidad y poder individual. Son etapas de crecimiento personal que vinculan a nuestra alma y dan forma al curso de nuestra vida. Porque en cada nivel de conciencia se produce una división de lo real con respecto a lo irreal, de la luz con respecto a la oscuridad.

Algunas escuelas espirituales lo denominan iniciación, esto es, poner a prueba al alma para ver cuánta luz es capaz de acumular a fin de compensar la oscuridad que ella misma ha creado. Esos trances o etapas son arquetípicos. Cada uno de nosotros los afrontaremos, no importa quiénes seamos o cuál sea el sendero que hayamos escogido.

En las siguientes páginas exploraremos las etapas que corresponden a cada uno de los chakras.

También mostraremos algunas técnicas para suavizar el recorrido de la vida salpicado de sinsabores.

Cómo se utiliza este libro

En el complejo mundo de hoy día la integración de cuerpo, mente y alma no necesariamente se produce de forma espontánea. Requiere atención consciente y concentración, así como ser consciente de las iniciaciones personales asociadas a los centros de energía.

En este libro hallarás claves que te ayudarán a dar los primeros pasos en el desarrollo de tus centros de energía: activar, equilibrar y limpiar. Cada capítulo, dedicado a un chakra, examina las iniciaciones que vamos a tener que dominar. Lanza al aire preguntas para reflexionar, afirmaciones y técnicas espirituales que pueden ayudarte a avanzar a través de las iniciaciones. Estas lecciones de la vida no las encaramos una sola vez. Retornan a nosotros cíclicamente, elevándonos un grado con cada vuelta a la espiral.

Todos tenemos facetas que dominamos y otras más débiles. A medida que vamos caminando por nuestro sendero individual de transformación, se supone que debemos valernos de nuestros puntos fuertes para superar las debilidades. En cuanto nos volvemos conscientes de las iniciaciones arquetípicas que afrontamos, identificamos mejor los aspectos que necesitan ser reforzados y podemos concentrar allí la atención.

Los siguientes capítulos te ayudarán a buscar patrones en tu vida. Si te descubres tropezando una y otra vez con las mismas dificultades, tan solo vestido con otro disfraz o rodeado de una circunstancia diferente, presta atención al chakra que corresponde a ese asunto. Observa de qué manera puedes hacer tuyas las claves y técnicas incluidas en ese apartado para que te ayuden a abrirte paso por el problema y salir airoso. Si quieres, puedes recitar algunas de las afirmaciones que aparecen en el capítulo o crear las tuyas. También puede serte útil elaborar un diario especial para las meditaciones y los pensamientos que te surjan a medida que vayas explorando los problemas que afloren.

Si te apetece, además del trabajo con los chakras, también puedes ejercitar las técnicas holísticas que abordan la curación desde una perspectiva integral. En el último capítulo examinamos algunas terapias holísticas que se ocupan de los componentes físicos, emocionales y espirituales de nuestro bienestar.

Cada centro de energía es una matriz arquetípica, de modo que guarda relación con diferentes atributos, incluidos el color, la parte del cuerpo, las cualidades, la rama o escuela espiritual, el instrumento musical, etc. Con la idea de ayudarte a armonizarte con los chakras,

> *Los siete chakras...*
> *son las ventanas*
> *del alma.*
>
> —DJWAL KUL

hemos redactado al principio de cada capítulo una lista que incluye esas características. Observarás que varían las fuentes relativas a la parte del cuerpo que rige cada chakra.

Asimismo, en la numerosa literatura que existe sobre chakras encontrarás diferencias en los colores asignados a cada uno de ellos. Parte de esa información se basa en el trabajo de los clarividentes, quienes pueden ver vibraciones y colores con su visión «interna». En ocasiones, los colores que aquellos han percibido reflejan tonos rebajados o turbios que rodean a los chakras cuando estos se hallan obstruidos.

Los colores que se describen en este libro representan el aspecto que esos vibrantes vórtices de luz tendrían a niveles espirituales si estuvieran funcionando con un óptimo rendimiento. Creemos que es importante al meditar en los chakras concentrarse en los colores puros, originales.

Por último, cabe señalar que no existe ninguna fórmula mágica para vitalizar los centros de energía. La belleza de la vida implica que cada uno de nosotros sea espectacularmente único y especial. Como alquimistas del espíritu, está en nuestras manos valernos de las herramientas que se hallan a nuestra disposición para experimentar en el laboratorio de nuestro yo. Afortunadamente, el crecimiento personal es un proceso creativo y una aventura del espíritu.

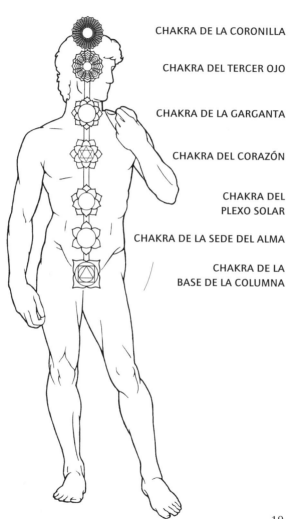

CHAKRA DE LA CORONILLA

CHAKRA DEL TERCER OJO

CHAKRA DE LA GARGANTA

CHAKRA DEL CORAZÓN

CHAKRA DEL
PLEXO SOLAR

CHAKRA DE LA SEDE DEL ALMA

CHAKRA DE LA
BASE DE LA COLUMNA

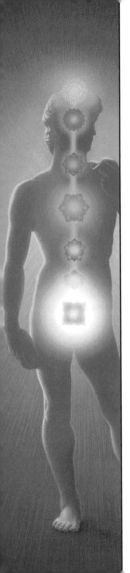

PRIMER CENTRO DE ENERGÍA
BASE DE LA COLUMNA

UBICACIÓN: Base de la columna vertebral

COLOR: Blanco

NOMBRE SÁNSCRITO: Muladara («raíz» y «base» o «fundamento»)

PÉTALOS: 4

MANIFESTACIÓN POSITIVA: Pureza, esperanza, perfección, disciplina, integración, alegría, plenitud, nutrición

MANIFESTACIÓN DESEQUILIBRADA: Desaliento, desesperación, caos, impureza

ÓRGANO DEL CUERPO: Glándulas suprarrenales

INSTRUMENTO MUSICAL: Tambor, tabla

PIEDRA PRECIOSA: Diamante, perla, circón, cristal de cuarzo

RELIGIÓN: Hinduismo

Por medio del sentido práctico, la disciplina y la alegría, aportamos plenitud a la vida.

CHAKRA DE LA BASE

Casar lo material
con lo espiritual

*¿Por qué separar la vida
espiritual de la vida cotidiana?
Para un ser pleno no existe tal distinción.*

—LAO TSE

Nuestro ascenso parte desde el piso: el nivel del centro energético conocido como chakra de la base de la columna o simplemente chakra de la base. El nombre proviene del lugar donde se encuentra, que es la base de la columna, aunque también es la base o fundamento de nuestro desarrollo interno y externo. En este chakra accedemos a la fuerza vital que nos estimula física y espiritualmente. Esta energía constituye el poder creativo del Espíritu anclado en nuestro cuerpo físico.

El chakra de la base representa el punto donde nos conectamos con el mundo físico, con la naturaleza y el medio ambiente. Por tanto, equilibrar las energías de este chakra es fundamental para adquirir sentido práctico y eficacia en el mundo físico. Cuando se utilizan en armonía, las energías puras y vibrantes del chakra de la base nos confieren esperanza, alegría, disciplina y plenitud. Junto con el del alma, el chakra de la base engendra la procreación.

Este centro de energía y su luz blanca se asocian a la planificación, el empeño en la excelencia y la perfección, así como a exteriorizar patrones internos y geometría divina en la forma. También se vincula con la manifestación de pureza, armonía, perfección, simetría, orden e integración en los campos de la música, el arte, la escultura, la arquitectura, la tecnología y las matemáticas.

Una de las razones de que este centro de energía constituya el fundamento es que su salud y vitalidad afectan a los demás chakras. La manera en que utilicemos la energía que reside en el chakra de la base determinará que el potencial de los restantes permanezca inactivo o despierte por completo.

Algunos hemos adquirido mayor maestría en

este chakra que otros, pero en lo que a dicho nivel se refiere, todos estamos llamados a aprender ciertas lecciones. ¿Cuáles son esas lecciones e iniciaciones? Y ¿cómo podemos dominar el flujo de energía por medio de ese centro?

Las ideas que enseguida vamos a compartir contigo constituyen trampolines desde donde podrás saltar. Tu ponderada reflexión sobre esos conceptos, en la medida en que los lleves contigo en tu día a día, te brindarán un conocimiento más profundo acerca de cómo acelerar, equilibrar y limpiar las energías de tu primer chakra a fin de expresar más de tu poder interior.

Valoro el mundo material y mi cuerpo por ser cálices para el Espíritu

No podemos evolucionar espiritualmente si no contamos con una plataforma física sólida. Los dos aspectos van de la mano. En ocasiones, debido a nuestra educación espiritual tenemos la idea de que el Espíritu es bueno y la materia es mala o que lo espiritual es bueno y el cuerpo, malo. Lo cierto es que ambos, lo espiritual y lo material, en su estado más elevado, están destinados a ser un reflejo de lo divino.

Materia proviene del vocablo latino *mater*, que significa «madre». El mundo físico *es* la madre, porque la materia es el vientre o cáliz al que el Espíritu desciende. La materia es el instrumento del Espíritu. Permite que este se exprese. La materia sería la flauta y el Espíritu, el aire que introducimos. Sin nuestra flauta —nuestro instrumento físico— el Espíritu no puede tocar su canción a través de nosotros. Y cada uno contiene una canción singular que espera ser escuchada.

Otro concepto erróneo que a veces albergamos es que para ser espirituales tenemos que escapar del mundo que nos rodea. Sin embargo, la verdadera espiritualidad no consiste en olvidarse del mundo físico; antes al contrario, es imbuir el mundo físico del Espíritu. Se trata de formar parte del mundo, pero no identificándose tanto con lo material que nos olvidemos de quiénes somos (seres espirituales) y por qué estamos en la tierra: para expresar nuestra espiritualidad de manera práctica al llevar a cabo nuestra singular razón de ser y ayudar al prójimo. En pocas palabras, ser prácticos y tener los pies en la tierra es parte de la espiritualidad.

En el nivel del chakra de la base aprendemos a relacionarnos de la forma más significativa posible con el mundo. La iniciación que lleva implícito nos exige cuidar con cariño a aquellos de quienes somos responsables y no pasar por alto nuestros deberes para con otros por estar «buscando la espiritualidad».

De hecho, nuestra espiritualidad requiere que actuemos en el escenario físico. Exige que integremos lo espiritual y lo material. Ramana Maharshi, uno de los grandes maestros espirituales de la India actual, regañó en cierta ocasión a un estudiante que quería abandonar su trabajo y familia para servir a Dios. Dijo: «Renunciar no significa regalar el dinero o abandonar el hogar… No: el que de verdad renuncia se fusiona con el mundo y expande su amor para abrazar a todo el mundo»[1].

Valga como ejemplo la fábula de Esopo en la que un astrónomo vagaba cada noche por su pueblo estudiando las estrellas. Una noche, mientras observaba fijamente los cielos, cayó en un profundo pozo. El vecino que al final oyó sus gritos exclamó: «¿Por qué exploras los cielos cuando ni siquiera puedes ver lo que hay en la tierra?».

Otra lección que aprendemos en el nivel del

chakra de la base es a tener una opinión positiva sobre nuestro cuerpo y a establecer una relación constructiva con él. Cuando abrigamos una perspectiva saludable acerca del mundo físico y de nuestro cuerpo físico, nos convertimos en un socio óptimo para el Espíritu. Si vamos a llevar a término nuestra misión singular en esta vida, nos hace falta ser fuertes en los ámbitos mental, emocional, espiritual y *físico*.

Dios quiere que cuidemos de nuestro cuerpo, que escuchemos lo que este nos dice y entendamos lo que necesita. Cada uno de nosotros tiene distintas necesidades. Tal vez tu mejor amiga pueda comerse un suculento postre rebosante de calorías, pero a ti el mismo postre te deje *postrada* el resto del día. Quizás ella pueda estar levantada la mitad de la noche pero tú, no.

Fortalece tu cuerpo antes de fortalecer tu alma.

RABINO NACHMAN DE BRATISLAVA

Cuidarte a fuerza de cultivar una actitud mental positiva hacia tu cuerpo, dedicar el tiempo necesario para nutrirlo, para hacer ejercicio y descansar lo necesario, además de buscar los consejos adecuados de profesionales de la salud cuando los necesites, son maneras de estar en forma espiritualmente hablando.

A nivel energético, la razón de que sea importante prestar atención a lo físico es que el estado de nuestro cuerpo determina en parte cuánta energía podemos aguantar. Si enchufaras una lámpara de 120 voltios en una toma de 240, la bombilla se quemaría. De igual forma, Dios no va a derramar un rayo de luz de 240 voltios encima de ti si el cáliz de tu cuerpo solo puede recibir una descarga de luz de 120.

El cuidado de lo físico no incluye solo nuestro cuerpo sino nuestra base física. El hogar y el ambiente laboral son extensiones y expresiones de nuestra alma, el crisol en el que forjamos nuestro trabajo diario. «Cuidar de nuestra casa —afirma el psicoterapeuta y autor Thomas Moore— equivale a cuidar de nuestra alma. No importa que sea poco el dinero con que contemos: podemos tener en cuenta la importancia que reviste mantener la belleza en nuestro hogar»[2]. Cuanto más nos eleve nuestro entorno, más creativos y realizados nos sentiremos.

- *¿Muestra mi espiritualidad un sentido práctico?*

- *¿Me desenvuelvo con eficacia en el nivel físico de la vida? ¿O tal vez tiendo a ignorar las exigencias físicas y a estar en las nubes?*

- Cuando el cuerpo me da señales de estar desequilibrado, ¿actúo en consecuencia para recuperar el equilibrio?

- *¿Cómo puedo embellecer mi hogar y el lugar de trabajo para alentar e inspirar creatividad?*

 Me esfuerzo por no apegarme a mis posesiones

Muchas de las lecciones relacionadas con nuestros siete centros de energía se refieren al equilibrio. Y si bien respetamos el mundo material por ser una forma de expresar con conciencia nuestra espiritualidad, el excesivo apego a lo físico puede incitarnos al materialismo. La trampa tal vez sea más sutil de cuanto nos percatemos. Incluso la persona más pobre puede tornarse materialista si está excesivamente preocupada por sus posesiones (o por carecer de ellas) y guarda rencor a quienes tienen más que ella. Lao Tse enseñó que «saber cuándo tienes bastante es ser rico». Ese «bastante» difiere para cada uno de nosotros.

Un famoso rabino de Polonia reveló esta verdad a un turista, quien se sorprendió al ver que aquel vivía en una habitación. En ella había muchos libros, pero tan solo un banco y una mesa.

—¿Dónde están sus muebles? —preguntó el visitante. —¿Y los suyos? —replicó el rabino.

El turista se encogió de hombros y explicó que, en efecto, no llevaba muebles porque estaba de visita.

—Bien —respondió el rabino—. Yo también.

El rabino judío sabía que no somos más que visitantes en el planeta Tierra. Este no es nuestro destino final, de modo que ¿por qué habríamos de apegarnos a sus pertrechos?

Al otro lado del espectro, algunos piensan que la espiritualidad y la prosperidad no se mezclan. Todo depende de nuestra definición de prosperidad y la actitud que tengamos con respecto a nuestras pertenencias. ¿Consideramos a estas y a nuestros recursos exteriores instrumentos de nuestra espiritualidad?

El guía espiritual del siglo xx Sri Aurobindo vio

el dinero como un recurso que deberíamos usar para reconectarnos con nuestra Fuente Divina. Enseñó que no es necesario renunciar por completo a todo el dinero, así como tampoco es sano apegarse a él.

«Toda la riqueza pertenece a la Divinidad y quienes la tienen en sus manos son administradores, no poseedores», explica. «Hoy la tienen ellos; mañana puede estar en otra parte… Al hacer uso del dinero, considera todo lo que tengas, consigas o lleves como si fuera de la Madre [Divina]… Ten por seguro que lo que está en tus manos no son tus posesiones sino las suyas… No valores a los hombres por sus riquezas ni te dejes impresionar por las apariencias, el poder o las influencias»[3].

◉ *¿Qué necesito para sostener la plataforma física de mi vida y cubrir las necesidades de mi familia?*

◉ *¿Me niego las cosas que me hacen falta? ¿O me doy el gusto de tener cosas que no necesito?*

◉ *¿Cuándo mi enfoque en lo material se convierte en un obstáculo a mis metas espirituales?*

Más allá de las apariencias miro a la esencia interna

A medida que vamos dominando las energías del chakra de la base, pasamos de estar apegados a la forma externa a valorar la esencia interior. Otro nombre para denominar el apego a lo externo es la idolatría, la cual consiste en depositar nuestra confianza en el recipiente que alberga al Espíritu, en lugar de dirigirla a la llama espiritual que mora en el recipiente. Cuando nos presentan a alguien, ¿hacemos una lectura basada en la apariencia de esa persona y en la ropa que viste o bien dedicamos unos instantes a sintonizarnos con las cualidades internas que expresa?

Barry y Joyce Vissell ofrecen un ejemplo conmovedor a propósito de ello en su libro *The Shared Heart (El corazón compartido)*:

«Moisés Mendelssohn, abuelo del renombrado compositor alemán, estaba lejos de ser un hombre atractivo. Además de baja estatura, tenía una joroba grotesca.

»En cierta ocasión visitó a un mercader de Hamburgo [que tenía] una bella hija llamada Frumtje. Moisés se enamoró perdidamente de la joven. Pero, ¡qué desgracia!, la muchacha sentía repulsión por su apariencia deforme.

»Por fin llegó el momento de la despedida. Moisés reunió coraje y subió las escaleras a la habitación de Frumtje, cuyo semblante era belleza celestial, mas su rechazo a dirigirle siquiera la mirada le causó gran tristeza. Tras varios intentos de entablar una conversación Moisés preguntó tímidamente:

—¿Tú crees que los matrimonios se hacen en el cielo?

—Sí —respondió ella, con los ojos fijos en el suelo—. ¿Y tú?

—Sí —contestó él—. ¿Sabes una cosa?, en el cielo, cuando nace un muchacho, el Señor anuncia: "Este muchacho se casará con esa muchacha". Y cuando yo nací, se me mostró quién sería mi futura esposa, y el Señor añadió: "Pero tu mujer tendrá joroba".

Allí mismo exclamé: "¡Oh Señor, una mujer jorobada sería una tragedia! Te ruego, Señor, dame a mí la joroba y deja que ella sea hermosa".

»Entonces, Frumtje le miró a los ojos y le removió un recuerdo profundo. Tomó de la mano a Mendelssohn y, más tarde, se convirtió en su fiel esposa»[4].

En ese momento la joven pudo ver la esencia interior más allá de la apariencia externa.

La idolatría y sus compañeros —la excesiva dependencia y la codependencia— son especialmente una traba en las relaciones. En una relación sana, cada miembro se apoya en su propia base. Así es como ha de ser para que ambos puedan turnarse a la hora de animar al otro. Si uno de los miembros de la pareja no ha desarrollado fuertes raíces, no cabe hablar en absoluto de una relación.

Kahlil Gibrán captó con elocuencia esta verdad cuando escribió acerca del matrimonio: «Dejad espacio para estar juntos... Cantad y bailad juntos y disfrutad con alegría, pero que cada uno esté solo, al igual que las cuerdas de un laúd están solas aunque vibren con la misma música... Permaneced juntos pero no demasiado: porque los pilares del templo están separados, y el roble y el ciprés no crecen uno a la sombra del otro»[5].

Estamos llamados a amar, respetar y honrar al espíritu que se expresa por medio de los demás. Pero si hacemos de nuestra pareja un ídolo defraudaremos nuestro propio sendero espiritual, el cual nos demanda forjar una relación de tú a tú con Dios. Esta es una relación que nadie puede reemplazar ni satisfacer. Si intentas colocar a otra persona en el lugar de Dios, en uno u otro aspecto te sentirás siempre decepcionado. En algún lugar de tu ser solo hay espacio para Dios y tú.

Cuando idolatramos lo que sea —ya se trate de una persona o de objetos externos— con exclusión del lado espiritual de la vida, puede que Dios nos dé un toque de alerta. Tal vez se nos prive de esa persona o ese objeto durante una temporada con el propósito de que dirijamos nuestras energías hacia aquello que sea más importante para nuestro crecimiento espiritual. En cuanto hayamos restablecido el equilibrio, a menudo retorna a nuestra vida lo que se nos quitó.

¿Cómo puedo recordarme a mí mismo que debo mirar a la esencia interna, más allá de los adornos externos?

¿He permitido que alguien o algo ocupe el lugar de mi relación con Dios?

Honro lo sagrado en la naturaleza y aplico sus lecciones en mi vida

Otra manera de promover nuestra conexión con el Espíritu en el nivel del chakra de la base es fortaleciendo el vínculo con la Madre Naturaleza. Nuestros hermanos los indios norteamericanos tienen mucho que enseñarnos en este sentido. El jefe Luther Standing Bear (Oso de pie) explicó que aquellos se sentaban o reclinaban sobre el suelo con la sensación de sentirse próximos a «un poder maternal». Añadió que «el indio anciano todavía se sienta encima de la tierra en lugar de apoyarse en las fuerzas de esta que suministran la vida» porque ello «le permite pensar y sentir con mayor profundidad».

El contacto con la tierra, las plantas y los animales aumenta nuestra sensibilidad hacia la vida. Aprendemos a estar en sintonía con lo que una planta necesita para florecer. ¿Tiene suficiente luz solar y la cantidad adecuada de agua? ¿Tiene el suelo los nutrientes apropiados? Podemos aplicar la misma sensibilidad a la forma en que cuidamos de los demás. La gente también necesita cuidados y atenciones, así como las condiciones óptimas para florecer.

Muchos tuvimos experiencias con la naturaleza cuando éramos pequeños. De adultos, a veces perdemos esa sensación de unidad con la Madre Naturaleza o nos olvidamos de que esta tiene algo más que enseñarnos. Pongamos por caso a Susana*. Cuando contaba cuarenta y un años, las cosas no andaban como ella esperaba en su matrimonio ni en su profesión. Se culpaba a sí misma. Se había convencido de que algo andaba mal en ella a algún nivel muy básico.

Estar cerca de la naturaleza mantiene el espíritu sensible a las impresiones que no se suelen sentir, y en contacto con los poderes invisibles.

—OHIYESA
(DR. CHARLES A. EASTMAN)

Una tarde, después del trabajo, dio un paseo por los alrededores de su casa y se le pasó por la cabeza por qué no lo hacía más a menudo. El verano tocaba a su fin y el aire era fresco. Las copas de los árboles entonaban su singular canto mecidas por el viento. El arroyo ribeteaba el sendero y, con ademán juguetón, abrazaba las rocas. Todo era mágico: desde las diminutas

*Los nombres que aparecen en los relatos narrados en este libro no son verdaderos.

orugas hasta los robles con sus ramas ampliamente extendidas.

¡Qué bello es todo lo que Dios hace!, pensó. Entonces, como un repentino y suave destello de iluminación, esa verdad resonó en su interior: *Dios me hizo. Por tanto, debo de ser bella de alguna forma en especial. La magia también está dentro de mí.*

En ese preciso instante obtuvo una nueva perspectiva sobre sí misma. Tuvo que esforzarse por mantener esa visión. Sin embargo, la naturaleza le había ofrecido una inapreciable lección que le ayudaría a crecer en los siguientes meses y años.

◎ *¿Honro y respeto la naturaleza y el medio ambiente?*

◎ *¿Me doy el tiempo necesario para conectar con la naturaleza?*

◎ *¿Me han aportado mis experiencias con la naturaleza lecciones moderadas o impactantes que tenga que rememorar actualmente?*

Honro, respeto y nutro mi lado femenino y el de mi prójimo

También se conoce la energía del chakra de la base como «la luz de la Madre». Desde el punto de vista espiritual y hablando en términos simbólicos, el universo físico, que se asocia al chakra de la base, representa el principio femenino (o Madre) de Dios; mientras que el universo espiritual representa el principio masculino (o Padre).

La mayoría de nosotros crecimos con un entendimiento solo parcial de Dios. Aprendimos mucho sobre el lado masculino del mundo divino —Dios Padre, Dios Hijo—, el lado que protege y disciplina, establece las normas y marca los límites. Sin embargo, tal como las creencias ocultas de las religiones del mundo muestran, lo Divino tiene otro aspecto: el lado femenino, o Dios Madre, el cual alimenta, enseña y apoya. Es la energía sagrada que consuela y cura. Así pues, el chakra de la base corresponde a este aspecto femenino de la vida.

El concepto de una Madre divina abarca todas las religiones y al mismo tiempo las trasciende. En la creencia judía, al aspecto femenino de Dios se le llama *Shekiná*, que literalmente significa «Presencia Divina». En el hinduismo se la conoce como *Shakti*; en el budismo, como *Prajnaparamita*; y en la creencia egipcia, como *Isis*. En algunos textos del Antiguo Testamento y de libros apócrifos, el aspecto femenino de lo divino recibe el nombre de Sabiduría y los gnósticos cristianos la llamaban Sofía o Pistis Sofía (que significa «fe-sabiduría»).

Estas personificaciones de lo femenino no son, en esencia, diosas a las que se deba venerar. Son encarnaciones de los atributos femeninos de Dios que nos enseñan con el ejemplo cómo percibir nuestro propio potencial divino. Todos tenemos un lado femenino. Es sensible, intuitivo, creativo. Es aquella parte de nosotros que desarrolla y mantiene las relaciones. Es quien nutre. Es paciente y alegre. Si está sana, no es distante ni tiende al abandono. Tampoco es posesiva ni sofocante.

Cuando mantenemos un flujo de energía vital y equilibrado del chakra de la base, somos capaces de expresar los cuidados inherentes al lado femenino de lo divino. Además, nos volvemos sensibles a las necesidades de los demás.

Recurramos de nuevo a una analogía con la naturaleza. Una planta que necesita agua no nos habla para decirnos que tiene sed. El suelo se seca y las hojas se marchitan, hasta que finalmente caen. De igual forma, las personas que precisan nuestros cuidados no suelen contarnos sus problemas. Debemos fijarnos en los indicios y de ahí deducir lo que quieren decir. Una expresión malhumorada no siempre significa que esa persona nos detesta. Bien puede interpretarse como la necesidad que tiene de que nos percatemos de que algo anda mal. Cuando servimos a la vida en calidad de «madre» miramos, más allá de las apariencias externas, a lo que realmente ocurre en el interior.

Me di perfecta cuenta de ello años atrás estando en Roma, mientras contemplaba *La pietá*. Al meditar en la sublime estatua de María sosteniendo a su hijo crucificado, entendí que «la madre» que yace en cada uno de nosotros está llamada a socorrer a los desamparados, a quienes necesitan de nuestro amor y apoyo incondicional. Todos nos encontramos en esa situación en algún momento y todos hemos de desempeñar ese papel de madre en algún momento.

En el nivel del chakra de la base nos vemos asimismo obligados a examinar nuestra relación con las mujeres, con nuestro lado femenino y con nuestra alma. ¿Honramos y respetamos a las mujeres? Aun cuando nos toque estar en primera línea en el mundo de los negocios, ¿expresamos nuestra parte femenina —ya seamos hombre o mujer— y valoramos a quienes lo hacen? ¿Dedicamos tiempo a nutrirnos a nosotros mismos?

Si de niño te separaron de tu madre o no estuviste unido a ella, tal vez te cueste nutrirte o encarar las verdaderas necesidades de tu alma. Tan solo recuerda que el alimento adecuado para el alma es tan importante como el del cuerpo.

¿Qué te hace feliz? ¿Qué te sosiega cuando estás preocupado? ¿La música? ¿La poesía? ¿Una buena novela? ¿Quizás hacer trabajos manuales de cerámica o bordados? ¿Meditar? ¿Correr o hacer ejercicio en el gimnasio? ¿Qué inspira en ti momentos mágicos?

Puede ser algo tan sencillo como comprar flores frescas para tu escritorio una vez a la semana, de vez en cuando enmarcar algún cuadro nuevo para colgar en la pared. O tal vez jugar un rato con un niño o andar por un sendero forestal.

¿Qué puedo hacer esta semana para expresar mi lado femenino (es decir, la parte intuitiva, sensible y sustentadora de mi naturaleza)?

¿Qué alimento del alma me falta y cómo puedo establecer el tiempo y espacio adecuados para satisfacer las necesidades de mi alma?

 Conservo mi energía

Quienes conservan la energía que reciben de su Fuente son las personas más creativas, alegres y eficaces en todos los campos, ya que desbordan esa energía espiritual y desean compartirla con otros.

¿Qué significa «conservar» energía? Cada día recibimos de nuestra Fuente una asignación de energía espiritual. Es la que nos faculta para pensar, sentir, hablar y actuar. Como he dicho antes, tenemos libre albedrío para decidir qué hacer con ella. Podemos, por medio de actos amorosos y ejercicios espirituales, elevar el fuego sagrado para dotar de vitalidad de espíritu a todas nuestras interacciones.

Podemos, por el contrario, derrochar esa energía en cualquiera de los chakras con multitud de actividades desequilibradas que no aportan nada valioso a nuestro sendero espiritual: desde arrebatos de ira a hablar por los codos, pasando por egoísmo, crítica, chismorreo, resentimiento, incapacidad de perdonar, actividad sexual pervertida o excesiva, celos, obsesión por los objetos materiales, sentir lástima de uno mismo, hurgar en el pasado, preocuparse constantemente por el futuro, y así sucesivamente.

En conclusión: desperdiciamos la valiosa energía de Dios desviándola hacia actividades que no nos ayudan a crecer espiritualmente, las cuales bloquean nuestra energía en lugar de dejarla fluir. La mejor manera de tomarte el pulso es preguntándote: esto que estoy a punto de hacer ¿me va a ayudar a desarrollar más mi naturaleza espiritual? ¿Contribuye a que integre mi espiritualidad en la vida diaria? ¿Me permite ayudar a los demás de manera significativa?

Cuando conservamos la energía (la kundalini) que reside en la base de la columna, aquella se eleva de manera espontánea para nutrir los demás centros, activando con ello nuevos niveles de conciencia espiritual en nues-

Si no te preocupas por tu vitalidad y la derrochas arbitrariamente, es como verter agua en una taza agrietada.

—ANCESTOR LÜ

43

tro interior. Si la derrochamos o impedimos que se eleve, pueden suceder dos cosas. En primer lugar, reduciremos la cantidad de energía disponible para su ascenso por los demás chakras, de modo que el poder latente de aquellos permanecerá inutilizado.

En segundo lugar, si mantenemos nuestra atención solo en lo físico y no vamos más arriba, la energía se acumulará en ese nivel. Y cuando ello ocurre en la base, la energía busca una salida. En algunos individuos esta situación ha provocado ataques de furia, abusos físicos o el mal uso de la energía sexual.

Tanto el chakra de la base como el de la sede del alma se relacionan con la sexualidad. Y podemos originar un desequilibrio en el primero si mantenemos una actividad sexual excesiva o un miedo a la sexualidad también excesivo. Muchas creencias religiosas enseñan que una actividad sexual equilibrada y en el contexto correcto es saludable. El sexo consiste en un intercambio de energía sagrada. La sexualidad sagrada puede ser una experiencia íntima con Dios y con la energía divina que mora en nuestro interior y en el de nuestra pareja. Por ese motivo es importante tratar las relaciones como algo sagrado y tener cuidado de no iniciar una solo para pasar el rato.

Cuando entablamos una relación, invertimos en ella nuestra preciada energía y al mismo tiempo permitimos que otra persona establezca con nosotros una polaridad para el intercambio de energía. Sin embargo, debemos asegurarnos de que estamos invirtiendo de manera inteligente. Ello se aplica a todo tipo de relaciones y asociaciones. A veces las personas mantienen ciertas amistades, asociaciones o relaciones que no son sanas «en tanto no surja nada mejor». Pero no han creado el espacio o aumentado el imán de luz dentro de sí capaz de atraer a la pareja adecuada. Cuando nos ocupamos de nuestra propia integridad espiritual, automáticamente atraemos a la pareja correcta. Todo ello se reduce al hecho de que cuanto más conservemos esta fuerza vital, más energía tendremos disponible para poseer vitalidad física, emocional y espiritual. Si no conservamos esa energía, tal vez nos falten siquiera los recursos internos para hacer frente a los pormenores de la vida, con que mucho más para ocuparnos de los asuntos más importantes de nuestro crecimiento espiritual.

🔘 *¿Estoy desviando mi energía hacia actividades o relaciones que no me ayudan a crecer?*

🔘 *¿De qué modo puedo conservar mejor mi energía?*

 Ejercitar el chakra de la base

Una advertencia sobre los ejercicios con el chakra de la base. A medida que vayamos trabajando con cada una de las lecciones fundamentales de ese chakra y utilicemos nuestra energía con prudencia, esta se elevará poco a poco de forma espontánea. No necesariamente lo percibiremos a nivel físico ya que ello ocurre en los niveles internos de nuestro ser.

Existen diversas técnicas que aseguran acelerar la elevación de la kundalini. Sin embargo, a menos que el chakra se haya antes equilibrado y limpiado, estas prácticas pueden ser peligrosas, porque a medida que la energía va subiendo, puede ir activando lo negativo que también hay en nosotros. Por tal motivo he descubierto que es mejor meditar en los chakras superiores, desde el corazón hasta la coronilla. Cuando intensificamos la luz de estos chakras, se convierten en imanes de luz que, de forma natural y sin peligro, atraen la energía del chakra de la base.

Un método eficaz de purificación y aceleración de los chakras es acceder a la energía espiritual de elevada frecuencia conocida como llama violeta, por medio de la oración y la meditación (véanse págs. 95 a 101). La meditación y la afirmación que leerás en las siguientes páginas también pueden ayudarte a equilibrar y limpiar el chakra de la base.

TÉCNICAS ESPIRITUALES

Mantra para la resurrección de la luz interna

Visualización:

Cuando hagas la siguiente afirmación, visualiza y siente en tu interior una luz nacarada que con suavidad baña tu cuerpo impregnándolo de un tenue brillo. La luz que rodea cada célula y átomo de tu cuerpo se torna cada vez más blanca. Al acelerarse, las células y átomos comienzan a girar, dejando que la luz blanca te limpie y energice el cuerpo, la mente y las emociones.

Al recitar esta afirmación, permanece de pie con los brazos alzados por encima de la cabeza. Imagina que estás dirigiendo de vuelta a Dios la energía que se eleva por ese entramado de chakras.

*¡YO SOY la resurrección y la vida
de cada célula y átomo de mi ser
manifestándose ahora mismo!*

Nota: Puedes repetir esta afirmación siempre que sientas que el flujo de energía está bloqueado en alguna faceta de tu vida, sustituyendo las palabras «cada célula y átomo de mi ser» por el aspecto concreto de tu vida que desees rejuvenecer.

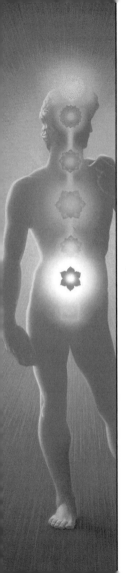

SEGUNDO CENTRO DE ENERGÍA
LA SEDE DEL ALMA

UBICACIÓN: Entre el ombligo y la base de la columna

COLOR: Violeta

NOMBRE SÁNSCRITO: Svadistana («dulzura» o «morada del ser»)

PÉTALOS: 6

MANIFESTACIÓN POSITIVA: Libertad, misericordia, justicia, trascendencia, alquimia, transmutación, diplomacia, intuición, profecía, revelación, perdón

MANIFESTACIÓN DESEQUILIBRADA: Incapacidad de perdonar, de ser justo o misericordioso; intolerancia; falta de tacto; indiferencia para con los demás; crueldad

ÓRGANO DEL CUERPO: Órganos y sistemas de eliminación y reproductivos

INSTRUMENTO MUSICAL: Instrumentos de viento de madera

PIEDRA PRECIOSA: Amatista, diamante, aguamarina

RELIGIÓN: Taoismo

Al reclamar el patrón original de nuestra alma, somos libres para desplegar nuestro pleno potencial creativo.

CHAKRA DEL ALMA

LECCIÓN DE VIDA:
Sé fiel a ti mismo

La principal tarea del hombre es dar lugar a su propio nacimiento.

—ERICH FROMM

Por medio del segundo centro de energía, el chakra de la sede del alma, experimentamos la libertad: la de convertirnos en todo lo que estamos destinados a ser. Los antiguos consideraban al alma como un verdadero centro de energía, como si fuera una toma de corriente. En las artes marciales es nuestro punto de equilibrio y el foco central del chi, la energía interior esencial para preservar la vida.

Este chakra constituye asimismo el punto donde establecemos contacto con nuestra alma y recibimos sus impresiones y su guía. Ella es sabia y capaz de aportarnos un gran sentido de orientación o dirección interna. Todos contamos con facultades del alma. Cuando alguien te inspira un sentimiento visceral, estás recibiendo una impresión instantánea del alma. En ocasiones esta te advertirá: «No es prudente ir a ese sitio o hacer tal cosa ahora...». Es parte de nuestro sistema de guía interna.

La mayoría de las veces tales impresiones e intuiciones son certeras. Cuanto mayor sea el contacto de nuestra alma con su verdadera naturaleza espiritual, más sensibles y precisas serán esas interpretaciones. Y, cuanto más apegada esté nuestra alma al ego humano, al yo irreal, menos claras serán. Las iniciaciones del chakra de la sede del alma se refieren a la expresión de la verdadera voz de nuestra alma y sus impulsos creativos. En el nivel de ese chakra también nos ocupamos de los arquetipos, los patrones y la personalidad.

 Invierto la energía de modo congruente con la herencia y el patrón originales de mi alma

Los poderes de la procreación en el hombre y la mujer se hallan en el chakra de la sede del alma. Los espermatozoides y los óvulos transmiten patrones físicos y kármicos a través de los genes y los cromosomas, y también la matriz espiritual de nuestra identidad, es decir, nuestra herencia espiritual.

El alma guarda un recuerdo antiguo, siquiera tenue, de su origen divino, su patrón divino y el papel que ha de desempeñar en el proyecto de Dios. Si bien nuestra alma está destinada a ser un estanque cristalino en el que se refleje ese patrón original, a veces las aguas se enturbian. En su viaje a través de los tiempos, ha asumido, en ocasiones, patrones que no estaban alineados con su arquetipo divino.

Muchos de nosotros hemos vivido la experiencia de intentar encontrar la misión de nuestra vida, mientras que otra persona, con buenas intenciones o sin ellas, ha tratado de imponernos *su* versión del plan para nuestra vida. Tu oportunidad en el nivel del chakra del alma es recuperar la matriz original de la identidad de tu alma, esto es, ser fiel a ti mismo. Tu reto es liberar al alma para que reconozca y luego reivindique la totalidad de tu herencia y patrón espirituales. Como escribió el cabalista del siglo XVII Moisés Zacuto: «Busca y descubre la raíz de tu alma para que puedas llevarla a realizarse y devolverla a su fuente, a su esencia. Cuanto más te realices, más cerca estarás de tu yo auténtico»[1].

El conocimiento de uno mismo, del yo real y del verdadero sendero en la vida constituye el punto de partida de nuestro poder individual y la liberación del alma. Aquella que es ciertamente libre es la que puede expresar su realidad innata.

Si no tuvimos personas que nos sirvieran de modelo o quienes cuidaron de nosotros no nos incitaron a estar en sintonía y cultivar la identidad singular de nuestra alma, puede que jamás hayamos percibido el verdadero plan para el alma. Si nuestros padres o alguna persona con mucha autoridad nos impuso su voluntad, resultará que una parte de nosotros irá en busca de un sueño que no es nuestro.

El requisito principal para progresar es ser sincero con uno mismo.

—HELENA ROERICH

Equilibrar las energías al nivel de la sede del alma requiere que decidamos si vamos a dejar que nuestra energía se desvíe por apartados caminos que otro ha forjado por nosotros. Nunca seremos del todo felices ni nos sentiremos tranquilos y realizados si no reclamamos esa energía y la dirigimos de vuelta a la corriente principal de nuestra vida.

🔆 *¿Cuál es la misión especial y singular que estoy llamado a llevar a cabo en esta vida?*

🔆 *¿Estoy permitiendo que mis energías transcurran por caminos apartados que no forman parte del patrón de mi alma ni del propósito de mi vida?*

Evalúo con sinceridad y con frecuencia qué parte de mi identidad invierto en mi ego humano o en mi yo real

Cuando recorremos un sendero espiritual descubrimos que los desafíos mayores no vienen de fuera, sino de dentro. Como dijo Pogo, un personaje de dibujos animados: «Hemos descubierto al enemigo… ¡que somos nosotros!».

El camino hacia la maestría sobre uno mismo es un proceso constante de examinarse. Debemos tener el valor de examinar qué cantidad de identidad invertimos en nuestra naturaleza verdadera y divina y cuánta, en nuestra naturaleza inferior, nuestro ego humano. Los cabalistas llamaban a esta parte más siniestra de nuestra naturaleza «el impulso maligno». San Pablo se refirió a él como «la mente carnal». En la tradición esotérica se la

55

denomina el morador en el umbral.

Todos tenemos un *míster Hyde* que aparece de pronto cuando menos nos lo esperamos. Mahatma Gandhi apuntó con sarcasmo en cierta ocasión: «Sólo tengo tres enemigos. El preferido, aquel sobre el que puedo influir más fácilmente para bien, es el Imperio Británico. Mi segundo enemigo, el pueblo indio, me resulta más difícil. Pero mi más acérrimo adversario es un hombre llamado Mohandas K. Gandhi. Sobre él apenas puedo ejercer influencia».

En resumidas cuentas, el ego humano es el impostor de nuestro yo real. En el ámbito de la sede del alma empezamos a reconocer qué aspectos de nuestra personalidad forman parte de nuestra naturaleza real y cuáles no. Esta no es necesariamente una tarea agradable, pero es la única que cabe afrontar.

En el Evangelio gnóstico de Tomás, Jesús afirma que el dolor de abordar esa verdad será perturbador, aunque es un primer paso para la superación y la maestría sobre uno mismo. Es el catalizador que nos impulsará a liberar todo nuestro potencial oculto. Jesús dice: «El que busque, continúe buscando hasta que encuentre. Cuando encuentre, se sentirá turbado. Cuando se turbe, quedará asombrado y reinará sobre todo»[2].

La iniciación del chakra del alma nos da la oportunidad de liberarnos de los aspectos de nuestra personalidad que no son parte de nuestra verdadera identidad, sino de nuestra «máscara», como Mark Prophet solía llamarla.[3] A veces desarrollamos esa personalidad porque creemos que es lo que otras personas esperan de nosotros, aun cuando no sea nuestro yo real.

Si deseamos que se despliegue en su totalidad la belleza de nuestro yo real, tenemos que despegar las capas de la máscara que la envuelven. «El hombre sabe muchas cosas, pero no se conoce a sí mismo», advirtió el místico del siglo XIV Meister Eckhart. «Treinta o cuarenta capas de piel, como si se tratase de las de un buey o un oso, gruesas y pesadas, cubren el alma. Ve a tu propio terreno y aprende a conocerte en él».

¿Qué podemos hacer si hemos identificado patrones en nuestra vida que ya no queremos que sean nuestros? Ante todo, debemos saber que, gracias a la energía pura del chakra de la sede del alma, no somos prisioneros de nuestro pasado. Podemos crear nuevos patrones de energía.

También hemos de caer en la cuenta de que los patrones de nuestros hábitos, que hemos creado a lo largo de muchos años o encarnaciones, no pueden deshacerse en un día. No desaparecerán hasta que no desentrañemos el motivo por el cual nuestra alma desarrolló esas gruesas capas. Fueron muchas las buenas razones. El alma es sensible e impresionable, y si bien no recordamos a nivel consciente todas las experiencias que hemos tenido en todas las encarnaciones, el alma sí. Ello incluye experiencias desagradables en las que resultó herida. Cuando padecemos traumas físicos o emocionales, no los sentimos solo en el cuerpo o en las emociones: también los percibimos en el alma.

Si no os llegáis a conocer, viviréis en la pobreza.

JESÚS, EN EL EVANGELIO DE TOMÁS

Con el fin de protegerse y aliviar el dolor, el alma herida desarrolla ciertos comportamientos o mecanismos de defensa que pueden afectar de manera desfavorable a relaciones posteriores, inhibir el desarrollo de su verdadero yo y crear un bloqueo en el sistema energético del cuerpo.

Todos tenemos, en alguna medida, energía obstruida en patrones que no son buenos para nuestra salud. Cuando curamos la parte herida de nuestra alma podemos liberar esa energía a fin de usarla aquí y ahora.

A menudo, el proceso de curación requiere una atención especial a las cuestiones de nuestra psicología (que literalmente significa el estudio de la psique o alma), y podemos hacer grandes progresos si consultamos a un psicólogo con experiencia que entienda el sendero espiritual. Los patrones permanecen ocultos y crear otros nuevos precisa destreza y preparación, así como trabajo interno en profundidad.

El analista junguiano Edward Edinger escribió: «El desarrollo psicológico en todas sus fases es un proceso redentor. La meta es redimir por medio de una percepción consciente al Yo oculto; oculto tras una identificación inconsciente con el ego»[4]. Podemos acelerar este trabajo del alma aplicando herramientas espirituales, tales como oraciones, mantras, meditaciones y visualizaciones. Tanto el trabajo psicológico como el espiritual suelen ser necesarios para obtener una curación profunda del alma.

¿Qué partes de mi personalidad creo que reflejan el verdadero yo?

¿Qué pautas de hábito he desarrollado que no respaldan mi crecimiento espiritual?

Soy capaz de acceder a mis impulsos creativos y expresarlos libremente

Creamos a cada momento. Cualquiera que sea la respuesta a la pregunta «¿Qué he hecho hoy con mi energía?», esa es nuestra creación del día. Nuestros pensamientos, palabras, acciones y sentimientos son nuestras creaciones. Cuando estamos en un sendero espiritual nos percatamos de la importancia que revisten y asumimos la responsabilidad por el impacto que nuestros pensamientos, palabras y obras tienen sobre otras personas.

Recordemos: se nos asigna cada día una cierta cantidad de energía. ¿En qué la invertimos? ¿Qué creamos con ella? ¿Tenemos la sensación de que nuestra capacidad creativa es obstruida por sentimientos de culpa, frustración o incompetencia?

Algunos profesionales de la salud han expuesto que las dolencias en la zona de la sede del alma —que corresponden a los órganos de reproducción y eliminación— en ocasiones se relacionan con cuestiones no resueltas asociadas a la creatividad. Cuando nos sentimos «atascados» y no podemos expresar nuestra creatividad innata, las emociones y el cuerpo reflejan esa tensión.

Conozco varios casos de mujeres que se sentían enclaustradas, las cuales padecieron problemas de salud crónicos en el pecho y el útero hasta que no se enfrentaron con ese hecho. Janice y Ellen, por ejemplo, rebosaban nuevas ideas, pero su ambiente de trabajo no les permitía compartir esos dones. A consecuencia de ello, ambas eran propensas a darle vueltas a la situación y a proferir elocuentes quejas, sintiéndose impotentes a la hora de escapar de su jaula. Las dos empezaron a desarrollar problemas de salud.

Un día Janice se vio obligada a cambiar de trabajo: una bendición sobrevenida que le abrió la puerta a seguir la intuición de su corazón y a asumir responsabilidades que le permitieran realizarse plenamente. Ellen, a sus cincuenta años, reunió la valentía necesaria para retomar los estudios con el propósito de desarrollar su verdadera pasión. Ambas están prosperando y sus emociones y salud son buena muestra de ello.

En cuanto Janice y Ellen se pararon a escuchar la intuición del alma, se abrió ante ellas un nuevo mundo. Es lo que sucede cuando nos comunicamos con el alma por medio de su chakra. Si no somos capaces de sintonizarnos con la voz del alma, a veces es porque nuestro intelecto demasiado activo o dominante ha reprimido los sentidos de aquella.

El intelecto es un recipiente maravilloso por medio del cual nuestro Yo Superior puede ir penetrando, pero la mente racional e instruida no va a crear por sí misma esa importante conexión con el alma: antes al contrario, puedes provocarle un cortocircuito. «Existe una forma de conocimiento que está por encima de la inteligencia», afirmó el filósofo neoplatónico del siglo v Proclo. «Deja que el alma inteligente trascienda la inteligencia… Este, amigo mío, es el funcionamiento divino del alma».

No hallo yo cosa con que comparar la gran hermosura de un alma y la gran capacidad.

SANTA TERESA DE JESÚS

El intelecto no puede ocupar el lugar del alma. Por ello, la educación de esta y del corazón es tan importante como la de la mente. Si queremos crear un refugio seguro para el alma, a veces tendremos que desconectar el intelecto y entrar conscientemente en el corazón y el alma a fin de establecer esa conexión con nuestro yo creativo interno.

¿Puedo expresar mi creatividad o, por el contrario, me siento de alguna manera reprimido? ¿Qué medidas debo tomar para desbloquearme?

¿Mi entorno laboral y mi casa, ¿estimulan mi creatividad? Si no es así, ¿qué cambios debo introducir?

¿Qué me ayuda a dejar de lado mi intelecto y mi mente lógica por un momento, para conectarme con mi yo creativo interno a través de los sentidos del alma? ¿Cómo puedo incorporarlo cada vez más a mi día a día?

Me libero de viejos patrones al perdonarme a mí mismo y a los demás

Una parte esencial del proceso de liberarnos de viejos patrones se resume en una sola palabra: perdón. Si no perdonamos las injusticias que hemos sufrido, por medio de la ley del karma nos mantenemos atados a la persona que nos ha agraviado. Individuos, familias e incluso naciones perpetúan antiguas venganzas entre sí por esta misma razón. La lucha nunca cesa porque el odio forma un sólido lazo entre ellos y sus enemigos: un lazo que se torna

63

cada vez más sólido cuanto más se odian. Al volver a encarnar, los individuos contendientes traen consigo los mismos patrones de energía ocultos, de modo que la venganza se perpetúa.

El resentimiento es un círculo vicioso. Nos agota la energía porque una parte de nosotros no deja de perder de vista esa situación no resuelta. En palabras de Emerson, cuando ello sucede «no somos libres de hacer uso hoy ni de prometer mañana, ya que todavía estamos hipotecados con el ayer». Cuando perdonamos liberamos el cien por cien de nuestra energía para utilizarla en actividades constructivas.

En ciertas ocasiones puede que sintamos que no podemos perdonar a alguien. Creemos que el delito que han cometido contra nosotros o contra un ser querido ha sido demasiado grave. Dios me ha enseñado que en una situación como esta podemos aceptar al alma y pedir a Dios y a sus ángeles que aten al yo irreal, al lado oscuro de la persona que la llevó a cometer el delito. No importa hasta qué punto sean malos los actos de una persona: si perdonamos al alma —esa parte de su ser que todavía tiene el potencial para hacer el bien— podremos evitar un enredo kármico. Cuando nos aferramos a esas experiencias desagradables, nuestra energía se enmaraña y creamos un bloqueo.

En realidad nunca se trata de una ofensa personal, por mucho que lo parezca. Con frecuencia, la situación constituye un terreno de pruebas, es decir, una oportunidad para ver si hemos desarrollado perdón y compasión. La Madre Teresa comentó en cierta ocasión: «Las personas a menudo son irracionales, ilógicas y egocéntricas. Perdónalas de todos modos. Si te muestras amable, tal vez te acusen de tener motivos egoístas o segundas intenciones. Sé amable de todos modos… Si eres honrado y franco, te engañan. Sé honrado y franco de todos modos… Ya ves, al final llegas a la conclusión de que el asunto es entre tú y Dios; nunca entre tú y ellos a fin de cuentas».

A menudo, cuando queremos soltar las cosas, lo más difícil es perdonarnos *a nosotros mismos*, darnos cuenta de que no importan los errores en que incurramos; cuando los cometimos, estábamos haciendo lo que podíamos. No tenemos que negar el error, sino que debemos pasarlo por alto. Hemos de decirnos: «El error no estuvo bien, pero sigo siendo una buena persona»; y a continuación aprendamos de la experiencia. Cometer errores es la manera en que aprendemos. Como dijo Tomás Edison: «No he fracasado. Solo he descubierto diez mil maneras que no funcionan».

A veces ni siquiera advertimos que el hecho de no perdonarnos es lo que nos retiene. Victoria advirtió esta percepción del alma en el trayecto hacia la curación. Poco después de cruzar la barrera de los treinta, descubrió que tenía cáncer de pecho. «Tras el susto inicial —afirma— tardé un tiempo en percatarme de que era una advertencia, no solo de mi cuerpo sino de mi alma. Tuve que enfrentarme con el hecho de que me estaba quedando extenuada (este era el mensaje de mi cuerpo) y no lo estaba pasando bien en el proceso (este era el mensaje de mi alma).

»Después de la operación quirúrgica, cambié mi alimentación y ajusté mi horario. Físicamente estaba en camino de recuperarme; pero emocionalmente todavía estaba en crisis. Había topado con un muro de piedra y no sabía cómo sortearlo.

»Un día me derrumbé. En pleno llanto pude oír a mi angustiada alma darme la clave: me había estado machacando desde que me dieron la noticia. Todo el tiempo creí que era una "mala" persona porque me había enfermado. Nunca me había perdonado por el cáncer. Porque en el fondo no creía que fuera digna de perdón. Ese era el muro.

»Antes de dar un paso adelante tenía que llegar al punto de valorarme lo suficiente como para aceptar que quizá no había hecho nada "malo", y aunque así hubiera sido era digna de perdón.

»No era fácil dirigir mis pasos por ese laberinto de falsos conceptos que de alguna forma había hecho mío. Sin embargo, a medida que fui avanzando por el proceso se produjeron algunos cambios. Empecé a salir a flote. Comencé a divertirme más. Y el verdadero yo salió de su escondite».

El Buda Gautama señaló que «puedes otear el mundo entero y no encontrar a nadie que merezca más amor que tú mismo». Si queremos realizar cambios duraderos en nuestra vida tenemos que amar a nuestra alma, además de nutrirla durante el proceso de curación.

◆ *¿Hay alguien a quien deba perdonar por el bien de mi propia liberación y por la suya?*

◆ *¿Hay algo que nunca me haya perdonado que me impida avanzar? ¿Existe algún falso concepto muy importante sobre mí mismo que me impida llenar mi alma de misericordia?*

TÉCNICAS ESPIRITUALES

Afirmación para obtener perdón

El apóstol Pablo nos aconsejó: «No se ponga el sol sobre vuestro enojo». Si somos capaces de liberarnos de todo sentimiento de injusticia e ira al final del día (incluso de la culpa por nuestras faltas) estaremos en el camino de gozar de una buena salud, más paz y una verdadera felicidad.

Visualización:

En los momentos previos a conciliar el sueño, cierra los ojos y deja que los acontecimientos del día te pasen por enfrente como si se tratase de una película. Trae a la mente a las personas que necesitan tu amor y perdón. Pide a Dios que las perdone y que te perdone. Visualiza luz violeta, que es la propia del chakra de la sede del alma, atravesando esas escenas. Ve cómo la luz se transforma en intensas llamas violetas. Obsérvalas mientras neutralizan el impacto negativo de los sucesos del día.

Recita la siguiente afirmación que leerás a continuación al tiempo que concentras tu atención en el corazón. Envía amor y perdón a todos aquellos a quienes tú hayas perjudicado y a quienes te hayan agraviado a ti, y deja la situación en manos de Dios. Puedes repetir esta afirmación tantas veces como necesites.

Perdón

YO SOY el perdón aquí actuando,
desechando las dudas y los temores,
la Victoria Cósmica despliega sus alas
liberando por siempre a todos los hombres.

YO SOY quien invoca con pleno poder
en todo momento la ley del Perdón;
a toda la vida y en todo lugar
inundo con la Gracia del Perdón.

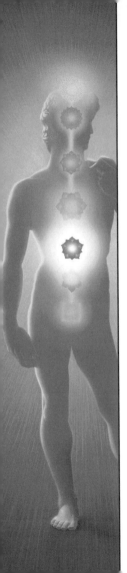

TERCER CENTRO DE ENERGÍA
PLEXO SOLAR

UBICACIÓN: En el ombligo

COLOR: Morado y oro con motas de color rubí

NOMBRE SÁNSCRITO: Manipura («ciudad de joyas» o «repleto de joyas»)

PÉTALOS: 10

MANIFESTACIÓN POSITIVA: Fraternidad, servicio desinteresado, deseo correcto, equilibrio, ser inofensivo, paz

MANIFESTACIÓN DESEQUILIBRADA: Ira, nerviosismo, fanatismo, agresividad, egoísmo, indulgencia excesiva, miedo, ansiedad, pasividad

ÓRGANO DEL CUERPO: Sistema digestivo, hígado, páncreas

INSTRUMENTO MUSICAL: Órgano

PIEDRA PRECIOSA: Topacio, alejandrita, diamante con perla, rubí

RELIGIÓN: Islam

Por medio del dominio de las emociones y el deseo, cultivamos la paz interior, la fraternidad y el servicio desinteresado.

CHAKRA DEL PLEXO SOLAR

LECCIÓN DE VIDA:
Caminar por la vía
media del equilibrio

*Los impulsos de «yo quiero»
y «yo tengo», ¡abandónalos!
Ahí es donde la mayoría de la
gente queda atrapada.*
—EL SUTTA-NIPATA

El siguiente paso en nuestro viaje de autodescubrimiento consiste en elevarnos desde el chakra de la sede del alma hasta el nivel del plexo solar. Ahí es donde el alma aprende a cultivar paz interior y fraternidad, gracias al dominio de las emociones y los deseos a medida que va afrontando las pruebas de su karma.

El plexo solar, del que este chakra toma su nombre, es la red más amplia de nervios localizada detrás del estómago. Muchos hemos sentido «mariposas» revoloteando en el vientre o un fuerte golpe de energía de alguien que estaba enojado con nosotros, como si nos hubieran dado un puñetazo en el estómago. Pues bien, estábamos procesando esas emociones a través del centro de energía que hay en el plexo solar.

Sentimientos como la ira, el nerviosismo o el miedo, así como otros espirituales de paz o devoción, se filtran por medio de este centro. Nuestros centros del plexo solar y la garganta están íntimamente relacionados, puesto que solemos expresar nuestros sentimientos a través de las palabras. Tan poderosas son nuestras emociones que el chakra del plexo solar puede multiplicar —para bien o para mal— lo que está ocurriendo en nuestros chakras restantes.

Dedico el poder de mis emociones a ser un instrumento de la paz

Cuando Jesús dijo «de su interior brotarán ríos de agua viva», se refería a aquellos individuos que se convertirían en instrumentos de la paz en cuanto dominaran las poderosas corrientes que fluyen por el chakra del plexo solar.

Dominar las emociones no significa que no las tengamos. Emoción (*e-moción*) es simplemente *energía en movimiento*. Podemos utilizarla para reflejar y amplificar los sentimientos de nuestra alma o bien para someterla. Podemos utilizarla para irradiar paz o para aumentar la agitación, es decir, con el propósito de inspirar o de irritar.

Al permanecer tranquilos cuando nos rodea el caos, al conectarnos con el poderoso depósito

Un héroe es aquel hombre que permanece centrado e inamovible.

—RALPH WALDO EMERSON

de paz que acopiamos en el plexo solar, podemos reunir un impresionante mar de energía a fin de estabilizar la situación, ya sea en nuestro hogar o en medio de las multitudes. Jack Kornfield narra la historia del monje camboyano Maha Gosonanda, la cual ilustra acerca del poder que cabe ejercer con un chakra del plexo solar en paz.

Maha Gosananda estaba visitando a miles de refugiados camboyanos que habían escapado de la situación devastadora que dejó Pol Pot. El monje les invitó a una ceremonia budista, y cerca de unos diez mil refugiados se reunieron para el evento. Maha Gosananda se mantuvo en silencio un rato. Ante él se encontraban personas profundamente agraviadas, cuyos familiares habían sido asesinados y cuyos hogares y templos habían sido destruidos. Empezó a recitar un verso del Damapada: «El odio nunca vence al odio, solo es vencido por el amor. Esta es una ley antigua y eterna». No tardó en sumarse a recitar los versos el grupo entero de refugiados, conmovidos por esta verdad eterna.

El monje pudo haberse aprovechado de la frustración y la ira de los refugiados. Pero en lugar de ello, optó por ayudarles a conectarse con el depósito de paz y amor que Pol Pot nunca podría arrebatarles.

«Si estás en silencio y tranquilo —enseñó Lao Tse— puedes llegar a gobernar el mundo». De la misma forma, el autor de Proverbios advirtió: «Mejor es el que tarda en airarse que el fuerte, el que domina su espíritu que el conquistador de una ciudad».

La prueba de las emociones se presenta a veces en grandes proporciones y otras, con menor calibre; y nos tienta a dar rienda suelta a las emociones o a perder el control sobre ellas. En ocasiones, estas pruebas son la manera en que nuestro karma[1] llama a la puerta al retornarnos las acciones del pasado que buscan resolución, disfrazadas de circunstancias del presente. A veces, la iniciación es una zona de pruebas. En la escuela recibimos clases con el fin de dominar ciertas materias. Pues bien, en la vida no es muy diferente, con la excepción de que es mucho menos teórica y mucho más práctica.

Dios quiere que dominemos la asignatura del control del flujo de energía y debe asegurarse de que lo hagamos bien; puesto que no va a darnos más energía de cuanta podamos mantener en el cáliz de nuestros chakras a fin de darle un buen uso. ¿Por qué queremos tener una reserva de energía? Para que cuando surja la necesidad podamos enviar a otras personas, por medio de nuestros chakras y aura, la luz curativa de la alegría, la libertad, la paz, el amor, el poder, la visión y la sabiduría.

Es como pedir un préstamo. Si demostramos que podemos utilizar la energía de Dios de forma sabia para el bien del prójimo, Él sabe que Su inversión está a salvo. Si la utilizamos mal —enojándonos y poniéndonos nerviosos, por ejemplo— en algún momento se nos cortará la provisión porque no habremos demostrado ser capaces de emplearla de manera responsable.

Así pues, cuando se te presenten esas pruebas de la vida que aparentan querer derribarte, es porque estás haciendo las cosas bien, no mal. Estamos comprometidos con un sendero de crecimiento espiritual, de modo que cabe esperar que se nos ponga a prueba. Booker T. Washington lo expresó con estas palabras: «El éxito no se mide por la posición que uno alcance en la vida, sino por los obstáculos que haya superado mientras intenta triunfar».

Sobre ello trata el curioso versículo que aprendimos en catequesis: «Tened por sumo gozo cuando os halléis en diversas pruebas, sabiendo que la prueba de vuestra fe produce paciencia. Mas tenga la paciencia su obra completa, para que seáis perfectos y cabales»[2]. «Las dificultades son el verdadero camino hacia la inmortalidad», señaló Lao Tse, quien nos aconseja que las encaremos «con calma y perspectiva abierta, comoquiera que se revelen»[3].

En el caso del plexo solar, esos exámenes nos ofrecen la oportunidad de demostrar que nuestro amor por Dios —y nuestra gratitud por la valiosa energía de la vida que derrama sobre nosotros cada día— es mayor que la necesidad que tenemos de desfogarnos, aun cuando alguien nos envíe ira, ansiedad, agresividad o nerviosismo.

El budismo tibetano enseña que la ira es uno de los «venenos mortales» para nuestro crecimiento espiritual. Por medio de él podemos perder muy rápido el terreno ganado. Al igual que sucede con un bebé que llora hasta quedar literalmente exhausto, los ataques de ira u otras formas de abuso emocional pue-

La conquista de uno mismo es ciertamente mucho más valiosa que la de cualquier pueblo.

—EL DAMAPADA

den agotar nuestra provisión de energía y generar confusión o alboroto en los centros de energía de los demás.

La ira, por supuesto, es síntoma de un malestar más profundo, indicativo de que hay que escarbar más a fondo. A menudo, lo que se esconde bajo la superficie es miedo, inseguridad o aflicción, y la ira es el modo —de todas formas perjudicial— en que escogemos afrontar la situación. Sin embargo, a la larga no la afrontamos, porque la ira no cambia una situación, sino que con frecuencia la empeora.

En 1639, Thomas Fuller dio un consejo muy acertado: «Hay dos cosas por las que un hombre jamás debería enojarse: por aquello que puede evitar y por lo que no puede evitar».

Si de verdad queremos superar nuestras emociones desequilibradas, ante todo debemos averiguar qué yace arraigado en ellas. Solo entonces estaremos en el camino de convertirnos en verdaderos instrumentos de la paz.

A menudo un cambio en la alimentación puede ayudarnos a lidiar con la ira. En la medicina china cada emoción desequilibrada se vincula con un órgano diferente. Desde este punto de vista, un hígado intoxicado tiende a generar mal carácter y agresividad. Un hígado sano, por el contrario, torna a las personas pacientes y atentas. Por tanto, somos mucho más propensos a sufrir ira o irritabilidad cuando extenuamos el hígado consumiendo en exceso medicamentos, cafeína, alcohol, refrescos o alimentos grasos. Los expertos apuntan que moderar el consumo de carne y comer más cereales integrales y hortalizas puede contribuir a que seamos más equilibrados y menos irritables.

¿Me entrego a emociones descontroladas?

 ¿Qué medidas concretas puedo adoptar
para dominar mi energía en movimiento
(mis emociones)?

 ¿Cómo puedo ser un mejor instrumento
de la paz?

Me esfuerzo por recorrer la Vía Media (o Camino Medio)

El Buda Gautama resumió la iniciación del chakra
del plexo solar cuando enseñó que podemos realizar un mejor progreso espiritual si andamos por el
«Camino Medio». Él mismo aprendió esta lección
de primera mano. Durante seis años practicó rigu-
rosas austeridades, a consecuencia de lo cual se
debilitó hasta tal punto que perdió el conocimiento
y se le creyó muerto.

Cuando volvió en sí, se percató de la inutilidad
de un ascetismo excesivo y prolongado. Un día,
después de comer una reconstituyente comida a
base de nutritiva leche de arroz, declaró que se

sentaría bajo una higuera hasta que obtuviera la iluminación. Allí soportó muchas tentaciones las cuales jamás habría vencido de no haber tenido un cuerpo, amén de un corazón, una mente y un alma fuertes.

En su primer sermón después de la iluminación que tuvo como escenario Sarnath, en la India, Gautama explicó que sólo podemos alcanzar la iluminación si evitamos los extremos de la satisfacción inmoderada de nuestros deseos así como el mortificarnos a nosotros mismos; es decir, si recorremos el Camino Medio. Unos años más tarde expresó a sus discípulos: «En un sendero donde uno se agota y debilita, no se puede manifestar la completa iluminación». Fue así como articuló uno de los preceptos más importantes de todos los tiempos: *En todas las cosas procura mantener el equilibrio.*

Uno de los distintivos del Camino Medio es la tolerancia. Su perversión es el fanatismo o extremismo, ya sea hacia la derecha o hacia la izquierda. La tolerancia significa que aceptamos a los demás tal como son porque no hemos estado en su lugar y por lo tanto no sabemos qué carga les haya podido abrumar. Por otro lado, evitar los extremos no significa que no tomemos partido o dejemos las cosas a medias tintas. Nuestro punto de equilibrio, nuestro punto de apoyo es sólido porque se asienta sobre un férreo sentido de identidad y propósito.

 Cuando voy en pos de mis deseos y pasiones, ¿permanezco equilibrado o tiendo a irme hacia los extremos? ¿Ejercen esos extremos un efecto perjudicial sobre mí y sobre los demás?

 ¿Hay algo que yo busque de manera compulsiva que me impida obtener paz interior?

 ¿Me resulta fácil volver a centrarme cuando no estoy equilibrado?

Procuro alinear mis deseos con las metas de mi vida

No podemos tener paz interior si no dominamos nuestros deseos. Ello no significa que no tengamos deseos, sino que los enlacemos con el verdadero deseo de Dios que siente nuestra alma y con el que Dios tiene de nosotros. Cuando lo logremos, el impulso de energía de nuestro plexo solar nos catapultará hacia la realización del potencial divino de nuestra alma.

Nuestros deseos, como nuestras emociones, no son «malos» en sí. Durante su sermón en Sarnath, Gautama enseñó que la razón por la que sufrimos es que deseamos ardientemente. Algunos intérpretes han comentado que el Buda intentaba explicar el sufrimiento desde la perspectiva de nuestros deseos egoístas, aquellos que refuerzan el ego humano y no tienen en cuenta las necesidades de los demás.

Existe un proverbio budista acerca de esta parte avara y posesiva de la naturaleza humana: «Todo el daño tan corriente en este mundo, todo el miedo y sufrimiento que hay, ¡los ha causado el apego al "yo"! ¿Qué voy a hacer con este demonio?».

Lo que importa es el motivo que se esconde detrás de nuestros deseos. Por ejemplo, si deseamos recibir educación o ser médicos o abogados a fin de compartir los talentos que Dios nos ha dado para mejorar la vida de los demás, estamos hablando de un deseo correcto. Si lo hacemos únicamente por el anhelo de acumular riqueza o de controlar o impresionar a los demás, eso sería un deseo egocéntrico, desmesurado.

Dicho de otro modo, siempre existe la opción de satisfacer nuestros deseos en un nivel superior: el del servicio a la vida. Cuando escogemos ese plano superior, cuando fusionamos nuestro libre albedrío con la voluntad universal en una asociación dinámica, pasamos a ser una dinamo para lograr el bien. Por esa razón, una mujer como la Madre Teresa no solo podía trabajar infatigablemente sino además ser una fuerza motriz en el panorama mundial.

El significado espiritual de la palabra *deseo* es «engendrado por la Deidad»: Dios y Su presencia dentro de ti engendran las más nobles aspiraciones de tu alma. Cuando deseas, estás creando (o dando vida) a algo. Si las energías de tu plexo solar están en paz y equilibradas, las creaciones que nazcan de tus deseos serán bellas, poderosas y eficaces.

De hecho, lo eficaces que seamos en el campo de la acción dice mucho del estado en que se encuentra nuestro chakra del plexo solar. Si no tenemos idea de lo que en realidad deseamos —o tenemos multitud de deseos contradictorios entre sí— no seremos capaces de reunir la energía o el empuje necesarios para alcanzar nuestras metas. Corrientes cruzadas de deseo generan confusión y alboroto y hacen que la energía del plexo solar se enmarañe. Es como el agotador juego de tirar de la cuerda. No avanzamos porque no hemos decidido qué camino seguir.

Cuando no andas desconcertado, tu naturaleza es estable por derecho propio; cuando tu naturaleza es estable, la energía retorna por derecho propio.

—LÜ YEN

El malestar en el plexo solar puede ser el resultado de las exigencias que nuestra cultura nos impone. El apremio por obtener éxito, riqueza o fama bien puede ser opuesto a nuestros deseos profundos de crecimiento espiritual, realización del alma y servicio a la vida. Uno de los desafíos que afrontamos en el nivel del plexo solar es liberar nuestras energías —esto es, apartarlas del deseo que no es el de Dios para nosotros— de modo que podamos aplicar la totalidad de nuestro ser a las verdaderas metas de nuestra vida.

Dicho en pocas palabras, cuando nuestra energía está vinculada a deseos inferiores que nos alejan de nuestro propósito principal en la vida, no está disponible para invertirse aquí y ahora. Como consecuencia de ello carecemos de vitalidad y claridad. Perdemos el mundo de vista y también el norte.

Dominamos el chakra del plexo solar en cuanto examinamos cuidadosamente nuestros deseos y simplificamos la vida con el fin de reflejar adónde queremos ir de verdad. Si no lo hacemos, tal vez nos volvamos esclavos de nuestros deseos (y de nuestra tarjeta de crédito). La antigua sabiduría del Damapada nos advierte que «quienes son esclavos de los deseos navegan por la corriente de los deseos, al igual que la araña corre por la red que ha tejido».

George Trevelyan, destacada figura en el campo de la educación, comentó en cierta ocasión que la educación «ha generado un amplio segmento de la población capaz de leer pero incapaz de distinguir qué vale la pena leer». Lo mismo cabe decir de la actual civilización «avanzada». Ha producido incontables opciones para satisfacer nuestros deseos, sobre todo con el increíble alcance de los medios y la publicidad, mas no nos enseña a clasificarlos.

El mero hecho de sentir el impulso de tener o hacer algo no significa que eso nos convenga. Debemos distinguir en el nivel del alma si estamos respondiendo a lo que Dios desea para nosotros o a un deseo que se deriva de un patrón perjudicial del pasado.

Si te descubres intentando resolver el dilema de un deseo —¿lo hago o no?— tal vez sea el momento de detenerte y ser sincero contigo mismo: *¿Por qué quiero este [lo que sea] nuevo? ¿Sirve para expresarme y llevar a cabo mi misión o simplemente para adornar el ego? ¿Me va a ayudar a estar más equilibrado o me llevará por caminos tangenciales?*

Otra buena forma de evaluar un deseo es dejando un período de reflexión. Si te enfrentas con una decisión muy importante en tu vida, concédete el tiempo suficiente para poner tus deseos en manos de Dios y espera la respuesta. Hacer una «novena», es decir, una determinada oración durante una serie de días o semanas, puede serte de ayuda. Mientras estés haciendo esta vigilia pide a Dios que te revele cuál es la voluntad divina.

Te resultará especialmente efectivo cuando utilices afirmaciones y oraciones que invoquen la energía espiritual de alta frecuencia que es la llama violeta (véanse págs. 93 a 101). Si un deseo se origina en un patrón de comportamiento perjudicial que te está reteniendo, la energía acelerada de la llama violeta puede contribuir a transmutar los registros de ese patrón. Una semana después de dirigir la llama violeta a esa circunstancia descubrirás que el deseo tal vez se haya esfumado. O, si es auténtico, la llama violeta te ayudará a percatarte de lo importante que es en tu vida.

Otra clave para evaluar el deseo es adquirir perspectiva. En ocasiones, apartarte de una situación te abrirá los ojos a la realidad. Ocurre lo mismo que con una lente de aumento: si estás demasiado cerca de algo se ve borroso. Si alejas un poco la lente lo enfocas de nuevo. No temas ganar algo de distancia y tomarte el tiempo que necesites para las decisiones que vayan a marcar la dirección de tu vida o tu sendero espiritual.

❂ *¿A qué están dando vida mis deseos?*
¿Me siento feliz con lo que he creado?

❂ *¿Tengo deseos contradictorios que mantienen mi energía enredada? ¿Qué medidas puedo tomar para resolver esos deseos en conflicto y liberar mi energía?*

Dejo de lado mis deseos cuando hace falta para dar apoyo y servir a los demás

En un momento de reflexión, el jefe Luther Standing Bear (Oso de pie) dijo: «De niño entendía lo que era dar. Desde que me he vuelto un ser civilizado se me ha olvidado esa virtud».

El mayor regalo que puedes hacer es dar de ti mismo. Dios nos dota con talentos y cualidades especiales a fin de que los compartamos con los demás. Somos algo así como mensajeros de Dios. Somos las manos y los pies de Dios en la Tierra, que ofrecen amor o consuelo, alegría o iluminación a quienes Él no puede tocar físicamente. «De gracia recibisteis; dad de gracia», enseñó Jesús. Y cuanto más damos, más abrimos el flujo de energía. Cuanto más bombeamos, más energía nos fluye de vuelta. Es un principio de abundancia, y funciona.

Podemos optar por decir: «Aquí estoy, Dios. Tú me has creado. ¡Utilízame! ¡Utiliza cada faceta de mi mente, corazón y alma, de todos mis chakras para manifestar Tu luz y Tu amor a cualquier persona con que me encuentre!». O podemos, en cambio, volvernos posesivos. Podemos reclamar como nuestra la energía que viene a nosotros desde nuestra fuente universal y detener el flujo. Cuando ello sucede la energía retrocede y se crea una espiral de energía descendente que nos atrae hacia el yo inferior, en lugar de una espiral de energía positiva que rápidamente nos eleve hacia altas vibraciones de conciencia espiritual.

Cierto sacerdote aprendió una vez una lección sobre el acto de dar mientras estaba en un retiro. Contó con estas palabras la experiencia:

«Allí dentro hay un monje que nunca te dará consejos, sino solo una pregunta. Me dijeron que sus preguntas podían ser de gran ayuda. Así que salí en su busca.

Presta a veces tus servicios sin motivo y recuerda algún beneficio previo o satisfacción actual.

—HIPÓCRATES

—Soy un párroco —dije—. He venido al retiro.

—¡Oh, sí! —respondió—. Mi pregunta es: ¿qué es lo que ellos necesitan?

»Regresé decepcionado. Pasé varias horas pensando en la pregunta y escribiendo algunas respuestas, y al final volví a él.

—Disculpe. Quizá no me haya expresado con claridad. Su pregunta ha sido de gran ayuda, pero no me interesaba tanto pensar en mi apostolado (mi labor parroquial) durante este retiro, sino reflexionar seriamente acerca de mi vida espiritual. ¿Tendría la bondad de darme una pregunta para mi vida espiritual?

—Ah, ya veo. Entonces mi pregunta es: ¿Qué necesitan ellos DE VERDAD?»[4].

¡Qué buena pregunta para empezar cada día!

¿Qué necesitan de mí las personas cuyas vidas convergerán hoy con la mía?

De mi almacén de vitalidad, ¿qué puedo dar a los demás?

¿Cómo puedo devolver a la vida los talentos y dones que ella me ha dado?

TÉCNICAS ESPIRITUALES

*Afirmaciones para obtener
equilibrio y paz interior*

¡Paz, aquiétate! ¡Paz, aquiétate! ¡Paz, aquiétate!

———

*YO SOY la mano de Dios en acción
logrando la victoria cada día;
para mi alma pura es una gran satisfacción
seguir el sendero de la Vía Media.*

———

Oración de San Francisco

Señor,
hazme un instrumento de tu paz.
Donde haya odio, déjame sembrar amor;
donde haya ofensa, perdón;
donde haya duda, fe;
donde haya desesperación, esperanza;
donde haya oscuridad, luz; y
donde haya tristeza, alegría.
Oh Maestro Divino,
concédeme que no busque tanto
ser consolado como consolar;
ser comprendido como comprender;
ser amado como amar.
Porque es al dar que recibimos,
es al perdonar que somos perdonados, y
es al morir que nacemos a la Vida eterna.

Limpiar los centros de energía

Si el río fluye transparente y
limpio por el canal adecuado,
todo andará bien en sus orillas.

—LAO TSE

A cada momento la energía fluye hacia nosotros, y a cada momento decidimos si vamos a darle un giro negativo o positivo. Por la ley del círculo, la ley del karma, esa energía nos retornará. Cuando regresa en su vertiente positiva (en forma de karma positivo), nos pasan cosas buenas y tenemos vitalidad. La energía que lleva carga negativa porque la hemos utilizado para perjudicar en lugar de para ayudar a otros, también retorna (en forma de karma negativo), esta vez en busca de resolución.

Dicha energía conforma un tipo de desechos que se acumulan en nuestros siete centros de energía impidiendo el flujo natural de luz y vitalidad en el sistema energético del cuerpo. Cuando nuestros centros de energía y los canales que los conectan se encuentran atascados, los chakras no giran a su velocidad natural ni despliegan su pleno potencial. Nos sentimos perezosos, pesimistas o enfermos sin saber por qué. Por el contrario, cuando tenemos limpios los chakras y los circuitos de energía que los conectan, nos sentimos más enérgicos y positivos, más alegres y generosos.

El cociente kármico

Otra manera de entender cómo nuestras acciones afectan actualmente a nuestra vida es mirando los desechos kármicos que rodean a nuestros chakras desde la perspectiva del feng shui, que es un antiguo arte oriental consistente en disponer el entorno con el fin de crear armonía y equilibrio en nuestra vida.

Los maestros del feng shui enseñan que el desorden en nuestro entorno físico inhibe el flujo de energía (o chi) alrededor de nosotros. Explican que el flujo de energía (o la carencia de él) afecta de modo muy relevante a nuestra salud, nuestras finanzas, nuestras relaciones; en definitiva, al rumbo que toma nuestra vida. Es exactamente así como el «desorden» kármico puede crear bloqueos en el flujo de energía a niveles sutiles *dentro* de nosotros, haciéndonos más lentos, física, emocional, mental y espiritualmente.

Los desechos kármicos actúan como las hojas que obstruyen un desagüe después de una tormenta. Si queremos que el agua corra por el desagüe debemos quitar las hojas. Asimismo, para que la energía espiritual fluya por nuestros chakras y los active, tenemos que eliminar los efluvios que se pegan a esos centros sagrados. Así como al lavarnos quitamos la suciedad que recogemos cada día, podemos también realizar un ritual diario de lavar y purificar nuestros chakras.

Una energía espiritual de alta frecuencia

Las oraciones y los ejercicios espirituales que han transmitido las religiones del mundo son fórmulas sagradas que invocan la luz del Espíritu Santo para obtener purificación. En algunas escuelas espirituales esta poderosa energía transformadora se ha visto como una luz violeta, a la cual se denomina llama violeta.

Así como un rayo del sol al pasar por un prisma

95

se refracta formando los siete colores del arco iris, la luz espiritual se manifiesta en siete rayos o llamas. Cuando invocamos estas llamas espirituales en nuestras oraciones y meditaciones, cada llama actúa de diferente manera en nuestro cuerpo, mente y alma. La llama violeta es el color y la frecuencia de luz espiritual que estimula la misericordia, el perdón y la transmutación.

«Transmutar» quiere decir modificar, cambiar algo pasándolo a un estado superior. El término lo emplearon siglos atrás los alquimistas que intentaban, a nivel físico, transmutar metales comunes en oro; y, a nivel espiritual, alcanzar transformación y vida eterna. Esto es precisamente lo que la llama violeta puede hacer. Es una energía espiritual de alta frecuencia que separa los elementos «densos» de nuestro karma, del oro de nuestro verdadero yo, para que desarrollemos nuestro máximo potencial.[1]

La llama violeta también actúa como la presión atmosférica en un barómetro. Al invocarla para que consuma los desechos existentes en torno a los chakras, empuja hacia abajo. La presión y aceleración de esa luz dentro de nosotros provoca que la kundalini se eleve espontáneamente y nutra los demás chakras.

¿Qué determina que la llama violeta sea una herramienta tan poderosa? En nuestro mundo físico la luz violeta tiene la más alta vibración en el espectro visible. Fritjof Capra explica en *El Tao de la física* que «la luz violeta posee una frecuencia alta y una longitud de onda corta y por tanto está compuesta de fotones de alta energía y velocidad»[2]. De todas las llamas espirituales, la violeta es la más cercana en acción vibratoria a los elementos y componentes químicos de nuestro universo físico; de ahí su enorme capacidad de penetrar y transformar la materia a niveles atómicos y subatómicos.

Puedes añadir a tus ejercicios espirituales afirmaciones y oraciones a la llama violeta. Quienes la hemos utilizado en nuestras oraciones hemos descubierto que ayuda a resolver patrones de conciencia, a disipar el dolor interior y a aportar equilibrio a nuestra vida. Genera una percepción y armonía con el yo interior que contribuye a desarrollar la creatividad y un sentimiento de estar vivo, sano y de que haces el bien en la Tierra.

Una mujer me escribió diciendo: «Llevaba años consultando a psicólogos. Me ayudaban a ver las causas, pero ¿cómo podía *cambiar*?». Esta mujer empezó a trabajar con oraciones de llama violeta cada día y afirmó que esta había penetrado y disuelto el resentimiento de fondo. «Gracias a la llama violeta —señaló— resurgí saludable, vigorosa y agradecida».

He visto a miles de personas obtener éxito con la llama violeta. Cada persona requiere un período distinto —desde un día hasta meses— para ver los resultados, pero si eres constante, comenzarás a percibir la diferencia.

Siempre recomiendo a quienes traten con la llama violeta por primera vez, que la experimenten. Les pido que hagan oraciones y afirmaciones de llama violeta al menos un cuarto de hora cada día durante un mes, antes de empezar a notar los cambios positivos que se producirán en su vida. Puedes repetir las afirmaciones durante tu ritual matinal de oraciones, mientras estés en la ducha o preparándote para el día o incluso en el trayecto al trabajo, cuando hagas encargos o ejercicio físico.

Puedes utilizar las «Afirmaciones para los chakras» que encontrarás en este apartado si deseas purificarlos y energizarlos a fin de experimentar los niveles más altos de tu potencial espiritual.[3] Estas afirmaciones empiezan con el chakra central, el corazón, y avanzan en espiral por los de encima y debajo del corazón.

TÉCNICAS ESPIRITUALES

Afirmaciones para los chakras

¡YO SOY un ser de fuego violeta,
YO SOY la pureza que Dios desea!*

¡Mi corazón es un chakra de fuego violeta,
mi corazón es la pureza que Dios desea!

¡YO SOY un ser de fuego violeta,
YO SOY la pureza que Dios desea!

---

*Cada grupo de afirmaciones se repite normalmente tres veces o en múltiplos de tres.

¡Mi chakra de la garganta es una rueda de fuego violeta,
mi chakra de la garganta es la pureza que Dios desea!

¡YO SOY un ser de fuego violeta,
YO SOY la pureza que Dios desea!!

¡Mi plexo solar es un sol de fuego violeta,
mi plexo solar es la pureza que Dios desea!

¡YO SOY un ser de fuego violeta,
YO SOY la pureza que Dios desea!

¡Mi tercer ojo es un centro de fuego violeta,
mi tercer ojo es la pureza que Dios desea!

¡YO SOY un ser de fuego violeta,
YO SOY la pureza que Dios desea!

¡Mi chakra del alma es una esfera de fuego violeta,
mi chakra del alma es la pureza que Dios desea!

¡YO SOY un ser de fuego violeta,
YO SOY la pureza que Dios desea!

¡Mi chakra de la coronilla es un loto de fuego violeta,
mi chakra de la coronilla es la pureza que Dios desea!

¡YO SOY un ser de fuego violeta,
YO SOY la pureza que Dios desea!

¡Mi chakra de la base es una fuente de fuego violeta,
mi chakra de la base es la pureza que Dios desea!

¡YO SOY un ser de fuego violeta,
YO SOY la pureza que Dios desea!

101

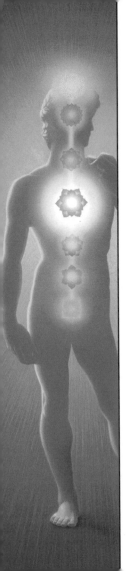

CUARTO CENTRO DE ENERGÍA
EL CORAZÓN

UBICACIÓN: Centro del pecho

COLOR: Rosa

NOMBRE SÁNSCRITO: Anahata («inexplorado» o «intacto»)

PÉTALOS: 12

MANIFESTACIÓN POSITIVA: Amor, compasión, belleza, abnegación, sensibilidad, gratitud, comodidad, bienestar, creatividad, caridad, generosidad

MANIFESTACIÓN DESEQUILIBRADA: Odio, antipatía, desagrado, egoísmo, lástima hacia uno mismo, falsa empatía o lástima, negligencia

PARTE DEL CUERPO: Corazón, timo, sistema circulatorio

INSTRUMENTO MUSICAL: Arpa

PIEDRA PRECIOSA: Diamante, granate, cuarzo rosa, berilo rosa, rubí

RELIGIÓN: Cristianismo

Los fuegos del corazón dotados de amor, compasión y caridad nos impulsan a actuar de manera sabia y compasiva.

CHAKRA DEL CORAZÓN

LECCIÓN DE VIDA:
Conviértete en
el amor que actúa

Lo importante no es pensar
mucho, sino amar mucho;
por tanto, haz aquello que te incite a amar.

—TERESA DE JESÚS

El centro del corazón es el centro energético más importante del cuerpo. Es el eje de la vida, en términos físicos y espirituales. Al igual que el corazón bombea al resto del cuerpo la sangre oxigenada de nuestros pulmones, la energía que recibimos de Dios pasa por el chakra del corazón antes de avanzar para nutrir los demás chakras y sistemas del cuerpo.

Al pasar por el chakra del corazón, la energía asume su esencia, esto es, la vibración y cualidades singulares de tu corazón. «Porque cuales son sus pensamientos íntimos, tal es él», señala el libro de Proverbios. Si la motivación que hay en nuestro corazón es pura y estamos resueltos a dar amor, bondad y compasión a los demás, la energía que fluye a través de este chakra irá dirigida a bendecir y estimular.

Si, de lo contrario, la energía que emite nuestro chakra del corazón es impura —si está contaminada de egoísmo, odio o antipatía— ello puede repercutir en todos nuestros chakras. Por eso es tan importante empezar nuestras meditaciones y ejercicios espirituales limpiando y equilibrando el corazón.

Mi fortaleza vale por la de diez porque mi corazón es puro.

—GALAHAD,
EN «SIR GALAHAD»

Muchas personas traen a colación hoy día centrarse en el corazón, hablar desde el corazón, actuar desde el corazón. Sin embargo, existen varios equívocos sobre la apariencia que ello reviste. El amor verdadero no es sentimental o pasivo. Es fuerte y suave a la vez. Y, como lo definen los místicos, eminentemente práctico.

El poeta sufí Rumi, por ejemplo, escribió: «Alguien pregunta: ¿Cómo es que el amor tiene manos y pies? ¡El amor es el lecho del que brotan las manos y los pies!»[1]. La Madre Teresa habría coincidido con ello de todo corazón, porque de su amor nació un espíritu de servicio que abarcaba a todos los individuos. El amor era, a su juicio, una parte esencial de la vida cotidiana. «No hacemos cosas grandes», explicaba. «Solo hacemos cosas pequeñas con mucho amor».

El místico y santo Juan de la Cruz afirmó que la meta final de la vida, que es nuestra unión final con Dios, solo puede lograrse por medio de esta «llama de amor viva». Puesto que el centro del corazón y sus fuegos de amor son tan importantes para nuestra vitalidad física, emocional y espiritual, las iniciaciones y lecciones relacionadas con el corazón son quizá algunas de las más profundas con que nos encontraremos.

Cultivo la compasión

¿Qué es la verdadera compasión? Para responder a esta pregunta tenemos que hacer una distinción entre compasión y lástima. Tendemos a utilizar ambos términos indistintamente, pero si se desea comprender las sutilezas implícitas en el desarrollo del chakra del corazón, nos será de ayuda distinguirlos. La compasión procede del nivel de nuestro Yo Superior y proporciona al prójimo lo que este necesita en un momento determinado. La lástima proviene del nivel de yo inferior y se interpone en lo que el alma necesita.

La lástima nos hace sentir pena por nosotros mismos, ceder a nuestras debilidades, caer imperceptiblemente en crisis o depresiones del tipo «¡ay de mí!». La lástima convalida el hecho de sentirse víctima en lugar de ayudarnos a ver nuestras dificultades como oportunidades. En el aura, la lástima aparece en forma de energía almibarada que gotea del corazón en espirales de energía dirigidas hacia abajo, que con el tiempo provocan el hundimiento de las emociones, así como de la conciencia del alma.

La compasión, por el contrario, se sumerge en los fuegos puros del corazón para elevar a los demás, de manera que se percaten de su pleno potencial. La compasión contribuye al proceso de refinamiento del alma. No deja a una persona doliente allí donde la encontró.

Está bien dar apoyo a un niño, un amigo o un ser querido, pero cuando los almohadones que les brindamos les impiden aprender sus lecciones y crecer gracias a ellas, no les estamos haciendo ningún favor. A veces, aquellos a quienes más amamos necesitan una dosis de realidad, un despertar.

Existe otra diferencia entre compasión y lástima. Esta puede llegar a ser autoritaria o asfixiante, abrumadora, en lugar de una ayuda. No podemos forzar la apertura de una flor abriendo sus hojas o regándola en exceso. Mas sí podemos asegurarnos de que tenga suficiente —y no demasiado— aire, agua, luz solar, alimento, es decir, el entorno y los nutrientes adecuados. Una vez hemos cumplido estos requisitos, solo podemos dejar que la flor se despliegue de acuerdo con su calendario interno y su propia fortaleza. Lo mismo se aplica a las almas que se hallan bajo nuestro cuidado.

Dejar ir es algo que en ocasiones resulta muy difícil. Cuando nuestros hijos empiezan a caminar, queremos protegerlos para que no se hagan daño y ofrecerles el apoyo que necesitan. No obstante, es fundamental dejar que lo intenten una y otra vez hasta que ese primer paso sea solamente suyo. Lo mismo vale para cualquier paso que demos en la vida. Nadie puede hacerlo por nosotros, y nosotros tampoco podemos hacerlo por nadie más.

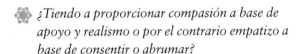

> *¿Tiendo a proporcionar compasión a base de apoyo y realismo o por el contrario empatizo a base de consentir o abrumar?*

> *¿Soy capaz de dejar ir, de soltar cuando es preciso hacerlo y dejar que los demás avancen por sí mismos?*

> *¿Cómo puedo convertir más a menudo la lástima en compasión?*

Veo las circunstancias difíciles como oportunidades de abrir el corazón

Hay dos verdades universales que a veces olvidamos.

Número uno: No todo el mundo piensa, siente o actúa igual que nosotros.

Número dos: Está bien que no todo el mundo piense, sienta o actúe igual que nosotros.

No tenemos que desplegar una cruzada para cambiar a alguien. No tenemos que compartir el sentir de Henry Higgins sobre «¿por qué no puede la mujer ser más como el hombre?», es decir, ¿por qué no puede él o ella ser más como yo?

Yo sigo la religión del amor: cualquiera que sea el camino que el camello del amor tome, esa es mi religión, mi fe.

—IBN ARABÍ

Una de las cosas más importantes que podemos enseñar a los niños a una pronta edad es a disfrutar de las diferencias entre las personas. Deja espacio a las personas para que sean quienes son. Vamos a encontrarnos en el mundo con muchos tipos de personas que tal vez no vayan a encajar en nuestros parámetros. Pero con frecuencia veremos que tienen algo que enseñarnos. Al margen de con quién te topes, trata de mantener el corazón abierto y descubrir lo que Dios quiere que aprendas de ese individuo, porque no se trata de un error. La vida nos pone en contacto con las personas y situaciones que necesitamos.

En un tiempo en que el filósofo y maestro espiritual Gurdjieff dirigía una comunidad en Francia, una de las personas que vivía allí era un viejo irritable y descuidado. No encajaba muy bien en el grupo y nadie se llevaba bien con él. Incluso él mismo parecía consciente de ello y después de varios meses difíciles se marchó a París. Gurdjieff le siguió y le pidió que cambiara de idea, pero el viejo hombre se negó a volver a una situación tan desagradable. Al final, Gurdjieff le ofreció una sustanciosa pensión con el propósito de que regresase a la comunidad.

Tan pronto como el terco compañero volvió a aparecer en escena, el resto de los miembros de la comunidad se quedaron pasmados. Y cuando descubrieron que Gurdjieff le estaba pagando —mientras ellos le pagaban a él para vivir en la comunidad— se disgustaron todavía más.

Al fin, el maestro explicó por qué motivo no podía permitir que el hombre se marchase: «Si él no estuviera aquí, vosotros no aprenderíais lo que os hace falta aprender sobre la ira o sobre la compasión», les reprochó. «Por eso me pagáis, ¡y por eso yo le pago!». Este sabio maestro sabía que el viejo gruñón era el fino grano de arena, el agente irritante que crearía brillantes perlas en su comunidad.

¿No te parece que Dios hace lo mismo? Él «dispone» las situaciones de modo que podamos aprender sobre la ira, la irritabilidad, la paciencia y la compasión. Cuando sentimos un inmediato desagrado o antipatía por alguien, con toda probabilidad nos hemos tropezado con nuestro karma. Y cuanto antes lo afrontemos y resolvamos con amor, antes nos liberaremos de él. «Agradece quienquiera que se te presente —advirtió Rumi— porque ha sido enviado desde más allá para ser tu guía»[2].

Dirige una oración en voz baja a Dios para que te ayude a mantenerte sincero, con el corazón abierto, y te muestre exactamente qué has de aprender de la situación. Invoca a tu Yo Superior y al de la otra persona para que dirijan tu relación. A continuación sé bondadoso y deja que el resto se revele.

A corto plazo puede parecer más fácil ignorar la situación, rebelarte contra ella o huir. Pero a la larga no es así. Cuando alguien nos desagrada o nos cae mal, nos atamos a él o ella. ¿Te acuerdas de la escena del *Retorno del Jedi*? Luke Skywalker es atrapado por el emperador del mal y Darth Vader. El emperador intenta atraer a Luke hacia el *lado oscuro*. En un momento dado, se voltea hacia Luke y le provoca con estas palabras: «El odio está creciendo en ti. Toma tu arma de Jedi. Úsala. Estoy desarmado. Fulmíname con ella. Cede a tu ira. A cada momento que pasa, te vuelves mi siervo cada vez más».

Luke se da cuenta de que el odio le va a atar al *lado oscuro*. Así, se centra en el corazón, reafirma su lealtad para con «la Fuerza» y finalmente —gracias a su amor— atrae a Darth Vader hacia la Luz. El emperador, sin embargo, tenía toda la razón: el odio nos magnetiza hacia los pies del objeto que odiamos.

¿Cuáles son las situaciones difíciles que se me presentan en la vida? ¿Qué se supone que debo aprender de ellas?

¿Existen actualmente circunstancias en mi vida que puedo considerar oportunidades para mantener el corazón abierto? ¿Qué puedo hacer para mantener viva la compasión en tales situaciones?

Reconozco y valoro la belleza espiritual en mí y en los demás

Muchos de nosotros crecimos sin haber aprendido a dar consejos u orientación a nadie. Quienes nos sirvieron de modelo eran directores, no mentores. Constituye parte de nuestro desafío colectivo en este nuevo milenio, en esta era de Acuario, el nutrir y expresar el lado femenino que cuida, el lado que tiene que ver con crear relaciones, educar, aconsejar, trabajar en equipo…

Un buen comienzo sería simplemente desmarcarnos por unos momentos de nuestras actividades para valorar a los demás. Cada día acércate a alguien y agradécele su contribución, bien sea el buen trabajo que hizo o el simple hecho de que esté alegre y risueño. Cuanto más reforcemos los aspectos positivos en los demás, más posibilidades hay de que repitan ese comportamiento positivo. Y cuanto más reforcemos los negativos, más probable será que crean que eso es todo cuanto son capaces de hacer y por consiguiente repitan el mismo comportamiento.

A ello hay que añadir que cuanto más aprendamos a amar y valorarnos a nosotros mismos, más amor atraeremos a nuestra vida. «Una persona amorosa vive en un mundo amoroso. Una persona hostil vive en un mundo hostil», sintetizó Ken Keyes, Jr. «Cada persona que te encuentras es tu espejo». En términos muy pragmáticos, Lucille Ball dijo una vez: «Tengo una religión cotidiana que me funciona. Ámate a ti ante todo y el resto se acomodará a ello. Tienes que amarte de verdad para conseguir algo en este mundo».

La actividad espiritual del corazón produce determinados efectos en nuestra salud y vitalidad. Investigadores del Instituto HeartMath, por ejemplo, han demostrado que las emociones como la ira y la frustración crean tensión al corazón y otros órganos. Las emociones como el amor, la compasión y el aprecio producen el efecto contrario: crean armonía en el cuerpo, lo cual conduce a un aumento de la inmunidad y a la mejora del equilibrio hormonal.[3]

Existe un cuento hasídico muy hermoso e ilustrativo sobre el tremendo impacto que el aprecio puede ejercer no sólo sobre nosotros sino sobre el mundo que nos rodea. Alguna que otra vez, un rabino se retiraba a una pequeña cabaña inmersa en los bosques que rodeaban un monasterio. Un día, el abad del monasterio visitó al rabino y le pidió consejo. Le explicó que su orden se estaba reduciendo, hasta tal punto que tan solo vivían allí cinco monjes, y todos rondaban los setenta años.

El rabino le contó al monje que a él le ocurría lo mismo. Cada vez menos personas acudían a la sinagoga. «Me temo que no le voy a poder dar ningún consejo», respondió el rabino. «Solo puedo decirle que uno de ustedes es el Mesías».

A su regreso a casa, el abad explicó a los cuatro monjes lo que le había dicho el rabino. ¿Podía ser uno de ellos el Mesías?, se preguntaban. Aunque cada uno tenía sus pequeñas rarezas, empezaron a ver también que cada uno tenía grandes virtudes. Puesto que cualquiera podía ser el Mesías, primorosamente se fueron tratando con mayor aprecio y respeto y empezaron a valorarse y respetarse a sí mismos también.

Sólo desde el corazón puedes llegar al cielo.

—RUMI

De vez en cuando los habitantes del pueblo disfrutaban de comidas campestres en los alrededores del monasterio y, en ocasiones, iban a meditar a la vieja capilla. Con el transcurso de los meses, empezaron a sentir algo especial. Se respiraba una atmósfera peculiar en el lugar porque los monjes se trataban con suma reverencia.

Así pues, los habitantes del pueblo empezaron a visitar el monasterio más a menudo, llevando consigo amigos. Al poco, algunos de los más jóvenes comenzaron a hablar con los monjes. Uno tras otro, fueron pidiendo adscribirse a la orden. Transcurridos unos pocos años, el monasterio estaba lleno y se había convertido en un centro de gran espiritualidad, todo gracias a las sabias palabras de despedida del rabino al abad y al poder del aprecio.

El poder curativo de nuestro corazón puede ciertamente crear una reacción en cadena. En su mensaje a las Naciones Unidas en 1992, Thomas Banyacya dijo: «Si retornamos a la armonía espiritual y vivimos desde el corazón, podremos experimentar un paraíso en este mundo».

Liu I-ming, taoísta nacido hacia 1737, afirmó que el poder de cambiar el mundo empieza en cada uno de nosotros. Escribió: «Un sabio dijo: "Si un solo día puedes tener maestría sobre ti mismo y volver a tener un comportamiento atento, el mundo entero retornará a la benignidad". ¿Crees que la benignidad depende de ti o de otros? Este es, sin duda, el aspecto sutil de este pasaje»[4].

¿Busco maneras de valorar a los demás? ¿Me desmarco de mi rutina para reconocer lo que aportan?

¿Busco maneras de valorarme a mí mismo?

Si se me da la oportunidad de conducir o guiar a otras personas, ¿la utilizo para alentar su creatividad antes que cumplir con mis compromisos diarios? ¿Utilizo el papel de líder para dirigir a otros individuos o para aconsejarles?

Marco límites saludables

Una de las iniciaciones del corazón es mantenerlo abierto y otra es marcar límites. ¡En efecto, tienes permiso para decir no!

Si no podemos establecer límites cuando es necesario, no es saludable, no solo para nosotros, sino para los demás. Cuando dices sí a todo, ya sabes lo fácil que es quedarte extenuado, volverte

117

irritable y poco creativo. Si no nos tomamos el tiempo o espacio suficientes para cargar las pilas y nutrirnos, somos mucho menos eficaces a la hora de llevar a cabo nuestra misión. Si queremos ayudar a otros, primero debemos prestarnos atención a nosotros mismos.

Establecer límites saludables también significa que podamos defender nuestros principios frente a la presión de los semejantes o de la sociedad. Significa que podamos decir no a las cosas que no nos propulsen hacia nuestras metas fundamentales en la vida.

Thomas Merton, monje trapense y escritor del siglo XX, apuntó una vez que incluso en un entorno espiritual la presión entre semejantes puede ser un problema: «El hombre más pobre en una comunidad religiosa no es necesariamente aquel que tiene menos objetos asignados para su uso… Suele ser el que está a disposición de todos los demás. Todos pueden valerse de él y nunca dedica un rato a hacer algo especial para sí»[5].

El rabino Moshe Leib expresó idéntico parecer: «El ser humano que no dispone de una sola hora para sí mismo cada día no es en absoluto humano».

Hay un relato budista sobre una mujer joven que aprendió una importante lección sobre límites de su maestro budista de meditación. Cada día se concentraba en desarrollar amor y compasión en su corazón. Pero tan pronto como dejaba la casa para ir al mercado se enfrentaba con las desagradables insinuaciones de un tendero. Al final perdió los nervios y, blandiendo su paraguas, arremetió contra el imprudente comerciante en plena calle.

Lamentablemente, el maestro de meditación la estaba observando desde el otro lado de la calle. Se acercó al maestro, avergonzada por haber perdido los estribos. Con tono cortés, este le advirtió: «La próxima vez que ocurra, llena tu corazón de tanto amor y compasión como te sea posible y a continuación... ¡azota con el paraguas a ese granuja en la cabeza!».

El alma no está donde vive, sino donde ama.

—THOMAS FULLER

Llega un momento en que tenemos que marcar distancias para proteger nuestra energía y nuestros chakras; y normalmente podemos hacerlo sin tener que golpear la cabeza de alguien con un paraguas. A veces he tenido que aprender por las malas alguna lección sobre marcar límites. En una ocasión, una persona me llamó por teléfono y se puso furiosa conmigo. Después de colgar, sentí dolor en el corazón y tardé un rato en recuperarme. Luego me di cuenta de que lo más amoroso que podía haber hecho, por el bien de esa persona y por el mío, era establecer los límites diciéndole educadamente adiós y colgando el teléfono.

Cuando las personas están enojadas, tenemos la alternativa de explicarles con tono suave pero firme que estaremos encantados de hablar con ellas más tarde, cuando se sientan mejor, pero que vamos a tener que terminar la conversación si continúan hablando de esa manera. No siempre podemos cambiar a los demás, pero sí podemos responsabilizarnos de proteger nuestra energía marcando límites saludables.

❋ ¿Existen circunstancias en mi vida en las que necesite marcar límites saludables por mi propio bien?

❋ En tales situaciones, ¿cómo puedo comunicar de manera amorosa esos límites?

Reconozco el poder de la suavidad

Tanto los adeptos orientales como los occidentales señalan que el mayor poder en el universo es la suavidad. Lao Tse utilizó la analogía del agua: «No hay nada más suave y débil que el agua y, sin embargo, no hay nada mejor para atacar cosas duras y fuertes… Lo débil supera a lo fuerte y lo suave, a lo duro…[6] La cosa más suave, más dócil del mundo, pisotea la más firme del mundo»[7].

Cuando el agua se desliza entre los dedos no parece «firme»; no obstante, puede desgastar la roca y descubrir sendas atravesando y rodeando gigantescos obstáculos. El poder de la suavidad hace lo mismo.

La suavidad es un modo receptivo por medio del cual las acciones y reacciones humanas enérgicas y antinaturales ceden ante el movimiento natural del corazón. La suavidad es una actitud de dar y nutrir que no siente la ofensa. Es lo contrario de la susceptibilidad, la rigidez o la resistencia. Las cosas quebradizas (susceptibles) se rompen, pero la suavidad es flexible y puede doblarse. Un sabio intérprete apuntó al respecto: «Benditos son los flexibles, porque no serán doblegados».

Este es el principio que rige las artes marciales, como el Tai Chi Chuan. Se basan en cultivar las energías internas y desarrollar la suavidad que triunfará sobre el uso de la fuerza muscular, externa. El cuerpo se muestra suave y manso por fuera pero posee una gran concentración de poder interno.

El gran maestro de Tai Chi Chuan del siglo XX, Cheng Man-ching escribió: «Quienes aman el combate nunca dejan de utilizar la fuerza rígida y bruta para atacar a sus adversarios o técnicas veloces para luchar cuerpo a cuerpo… Si uno se defiende de ello con dureza, el resultado será la derrota y ofensa para ambas partes. Eso no es maestría.

Por medio del corazón todos los hombres son uno solo.

—DJWAL KUL

»Si mi adversario emplea dureza, yo la neutralizo con suavidad. Si ataca con el movimiento, yo le salgo al encuentro con calma… Esto es lo que Lao Tse refirió como suavidad y debilidad que vencen a la dureza y la fortaleza»[8].

En nuestras interacciones personales, la suavidad es una manera amable de encarar una situación sin degradar a la otra persona (o a ti mismo); por el contrario, le muestra, de corazón, que lo haces por su beneficio.

Fíjate en el siguiente ejemplo del budismo zen. Un estudiante de meditación tutelado por un maestro zen saltó a hurtadillas el muro del templo, de noche, y se fue al pueblo para divertirse un rato.

El maestro lo descubrió una noche al percatarse del taburete que el estudiante empleaba para sus escapadas y cuando regresaba. Así que una fría noche le esperó en el lugar donde solía estar el taburete. Cuando volvió, el estudiante saltó sobre la cabeza del maestro y cayó al suelo. Al darse cuenta de lo que había sucedido, se asustó y se sintió avergonzado.

«Hace frío a esta hora de la mañana», dijo simplemente el maestro. «Ten cuidado no sea que te resfríes». El estudiante jamás volvió a recurrir a sus escapadas nocturnas. El simple acto de suavidad que ejecutó el maestro le cambió la vida.

❀ *¿En alguna ocasión he visto que la suavidad, en lugar de la severidad, cambiaba totalmente una situación? ¿Qué he aprendido de ello?*

❀ *La próxima vez que me halle en una situación de enojo, ¿cómo puedo utilizar la suavidad para darle un giro completo?*

TÉCNICAS ESPIRITUALES

Afirmación del corazón

Las experiencias vividas en esta y en anteriores vidas pueden abrumar al corazón. A veces pueden provocar que lo cerremos. Nos ponemos en guardia porque nos han herido y no queremos que ello vuelva a ocurrir. En ocasiones nuestro corazón se siente abrumado porque hemos sido egoístas o nos hemos llenado de ira o de insensibilidad. Cuando utilizamos la energía del corazón de forma poco amorosa, permanece en nosotros como parte de nuestra conciencia hasta que la transmutamos con amor.

La afirmación del corazón que leerás a continuación ha ayudado a muchas personas a estar en armonía con su corazón amoroso. Crea una atmósfera espiritual en torno al corazón que nos ayuda a estar más abiertos, a ser más sensibles y compasivos con nosotros mismos y con la difícil situación de tantos individuos que necesitan nuestro amor y nuestras oraciones.

Esta afirmación invoca la alquimia de la llama violeta para limpiar los dolorosos registros de experiencias del pasado. Ayuda a limpiar nuestro subconsciente, el cual ha aceptado los erróneos juicios de nuestros semejantes o de figuras de autoridad que nos han degradado o intimidado. La llama violeta puede resolver estos patrones de conciencia y liberarnos para que seamos nuestro verdadero yo.

La afirmación del corazón es fácil de recordar y puedes decirla en voz alta (o en voz baja) cada vez que las cosas no anden bien o sientas un peso en el corazón. Recítala una, tres o cien veces mientras vayas profundizando en la meditación y visualización.

Visualización:

Al recitar esta afirmación visualiza la llama violeta en tu chakra del corazón como una vibrante luz violeta que suaviza y calienta ese órgano. Obsérvala derritiendo capas y capas de incrustaciones alrededor del corazón.

A medida que la llama violeta te satura el chakra del corazón, siéntela transformando la ira en compasión, la amargura en dulzura, la ansiedad en paz. Contempla los doce pétalos del centro de tu corazón desplegándose a medida que este irradia su energía innata de amor divino.

Corazón

¡Fuego Violeta, divino Amor,
arde en este, mi corazón!
Misericordia verdadera Tú eres siempre,
mantenme en armonía contigo eternamente.

Meditación sobre la Luz del Corazón

Cuanto más nos concentremos en el corazón y en sus cualidades durante la vida en general y al realizar los ejercicios espirituales, más poderoso y sensible se tornará. La bella oración «YO SOY la Luz del Corazón» de Saint Germain alaba la chispa divina que tenemos en él y nos ayuda a estar más centrados en dicho órgano.

Visualización:

Cuando recites «YO SOY la Luz del Corazón», visualiza una luz radiante descendiendo de Dios a tu chakra del corazón, adonde se emitirá conforme a las palabras de tu oración.

A continuación dirige la atención al chakra del corazón, en el centro del pecho. A veces es más fácil centrar la atención si colocas el pulgar y los dedos índice y corazón en esa zona.

Luego imagina el brillo del sol al mediodía y traslada esa imagen al centro del pecho.

Visualiza miles de rayos solares partiendo de tu corazón para penetrar y disolver cualquier forma de oscuridad, desesperación o depresión dentro de ti, de seres amados y de las personas que hay en el mundo. Proyecta tu amor (que en realidad es el amor de Dios) hacia el mundo.

Observa ese amor saliendo en forma de rayos láser de intenso color rosado ígneo y rompiendo todas las barreras al éxito en tus relaciones, tu familia, tu crecimiento espiritual, tu profesión, tu vecindario o tu nación.

YO SOY la luz del corazón

YO SOY la luz del corazón
brillando en las tinieblas del ser
y transformándolo todo en el dorado tesoro
de la mente de Cristo.

YO SOY quien proyecta mi amor
hacia el mundo exterior
para derribar las barreras
y borrar todo error.

¡YO SOY el poder del amor infinito
amplificándose a sí mismo
hasta ser victorioso
por los siglos de los siglos!

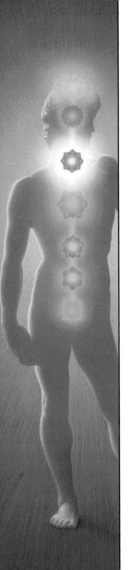

QUINTO CENTRO DE ENERGÍA
LA GARGANTA

UBICACIÓN: Garganta

Color: Azul

NOMBRE SÁNSCRITO: Vishuda
(«puro» o «purificar»)

PÉTALOS: 16

MANIFESTACIÓN POSITIVA: Voluntad,
poder, fe, protección, dirección, coraje,
obediencia

MANIFESTACIÓN DESEQUILIBRADA:
Duda, control, condenación, charla
frívola, chismorreo, obstinación,
impotencia, cobardía

ÓRGANO DEL CUERPO: Tiroides,
pulmones, sistema respiratorio

INSTRUMENTO MUSICAL: Instrumentos
de viento de metal

PIEDRA PRECIOSA: Diamante, zafiro,
brillante, lapislázuli

RELIGIÓN: Judaísmo

*Al dominar la voluntad y el poder,
emitimos las elevadas energías del
corazón por medio de la palabra
hablada para lograr transformación
personal y en el mundo.*

CHAKRA DE LA GARGANTA

LECCIÓN DE VIDA:
Reúne poder interior
para crear cambios
constructivos

*Es mejor una sola palabra
que transmita paz que mil
palabras inútiles.*

—EL DAMAPADA

El chakra de la garganta es nuestro centro de poder. En este nivel contamos con la capacidad de fusionar lo que hay en nuestra mente y nuestro corazón por medio de la palabra hablada. Los sabios de Oriente y Occidente indican que la palabra hablada contiene la clave para el cambio creativo. El Génesis, por ejemplo, relata que el proceso de la creación se inició cuando «Dios dijo: Hágase la luz». A través del chakra de la garganta podemos convertirnos en cocreadores con Dios.

Los sabios orientales y occidentales afirman asimismo que la maestría sobre el chakra de la garganta es fundamental para el crecimiento espiritual. Ese dominio abarca no solo lo que decimos, sino cómo lo decimos, además de lo que elegimos no decir.

 Practico el habla correcta

Cada vez que abrimos la boca estamos optando bien por ayudar o por hacer daño. Jesús explicó que nuestras palabras revisten cabal importancia cuando dijo: «Por tus palabras serás justificado y por tus palabras serás condenado [juzgado]». Ello se debe a que nuestras palabras salen del centro de poder y por tanto tienen un impacto increíble. Cuando pensamos en los momentos de nuestra vida más traumáticos y en los más significativos, suelen remitirse a lo que alguien nos dijo o lo que dijo de nosotros.

El habla correcta es un precepto fundamental en el budismo. Es una piedra angular en el Sendero Óctuple del Buda Gautama que conduce a la liberación. En esencia, significa que vigilamos el flujo de energía que pasa por nuestro chakra de la garganta y nos percatamos del efecto que produce en los demás. Significa que vemos nuestra capacidad de hablar como un don que Dios nos ha dado para transmitir compasión, amabilidad y enseñanza.

Gautama enseñó que quien adopta el habla correcta no propicia la división por medio del chismorreo, sino que se vale de su conversación para crear armonía y unidad. «Lo que ha oído aquí no lo repite allá, creando con ello discordia», explicó el Buda. Por el contrario, «disfruta de la concordia» y «acerca a quienes discrepan». Él o ella «ha abandonado el lenguaje rudo... Habla palabras exentas de grosería o indecencia, dulces al oído, amorosas, directas al corazón, atentas... que edifican a muchos»[1].

El poder no se revela con un golpe fuerte o frecuente sino con un golpe certero.

—BALZAC

El teósofo C. W. Leadbeater sostiene que a niveles energéticos nuestras palabras, aun en una conversación informal, son mucho más potentes de lo que nos damos cuenta. «Muchas personas creen que en la vida diaria no es necesario tomarse la molestia de hablar con claridad», escribe. «Importa mucho más de lo que creen, porque nos pasamos todo el tiempo construyendo nuestro entorno, y este produce efecto en nosotros».

Explica que si alguien está deprimido, por

ejemplo, su habitación «se impregna de ese estado, y cualquier persona sensible que entra, se vuelve consciente de un cierto descenso en su vitalidad, de una pérdida de tono». De igual modo, «el hombre que se rodea de desagradables formas sonoras merced a un habla descuidada e inculta crea una atmósfera en la que estas formas constantemente producen efecto en él». De hecho, afirma Leadbeater, «cada palabra pronunciada crea una pequeña forma en la materia etérica así como un pensamiento lo hace en la materia mental». Explica que la palabra «odiar», por ejemplo, «crea una forma horrible; tanto que, por haber visto su aspecto, nunca utilizo la palabra. Podemos decir que no nos agrada algo o que nos preocupa, pero nunca deberíamos emplear la palabra *odiar* más de cuanto podamos evitar, ya que el mero hecho de ver la forma que genera te infunde un sentimiento de profundo malestar… Desde luego es mucho mejor que nos rodeemos de belleza que de fealdad, aunque sea en la materia etérica»[2].

Leadbeater escribió estas palabras en 1925 y apuntó que algún día esperaba que «todo esto pudiera resolverse científicamente»[3]. Hasta que ese día no llegue, concluyó que, de modo empírico, las palabras asociadas a aspectos deseables producen formas agradables, mientras que las vinculadas a atributos negativos, generan formas feas.

Las lecciones del chakra de la garganta están íntimamente relacionadas con el ego y el plexo solar. Si abrigamos algún resentimiento, es muy fácil que los sentimientos heridos que descansan en el plexo solar se filtren hacia arriba y suban al chakra de la garganta. Sucede tan rápido que ni siquiera nos damos cuenta. Por ello, los sabios nos aconsejan que atajemos la respuesta emocional. Aminorar el paso y pensar en el efecto que tus palabras causarán antes de abrir la boca, nos advierten. «Que todo hombre sea pronto para oír, tardo para hablar, tardo para airarse», previene el libro de Santiago. «Las personas buenas deberían tardar en hablar y ser rápidas en actuar», afirma Confucio.

El habla correcta es la que brinda apoyo, es amable, respetuosa. Quien lo entendió muy bien fue el primer presidente de los Estados Unidos. En el siglo XIX se descubrió un cuaderno de George Washington en Mount Vernon, su hogar. Al parecer, en 1745, cuando contaba catorce años de edad, había escrito en el cuaderno más de «cien reglas de urbanidad en la conversación entre hombres», que había copiado de una obra fechada en 1664 o antes.

Estas «reglas de urbanidad» constituyen pautas maravillosas para el habla correcta. A continuación, una muestra:

«En presencia de otras personas, no tararees canciones, ni tamborilees con los dedos o los pies. No hables cuando los demás hablen, no te sientes cuando haya otras personas de pie y no camines cuando los demás se detengan».

«No seas adulador, ni juegues con nadie que no disfrute con alguien que juegue con él».

«Mantén una conversación breve y comprensible con los hombres de negocios».

«No tengas prisa por creerte los veloces informes que menosprecien a alguien».

«No pronuncies cosas degradantes ni frívolas entre hombres cultivados y eruditos, ni plantees cuestiones o materias muy difíciles entre los ignorantes, ni cosas difíciles de creer».

«No te burles de las desgracias de ningún hombre, aunque haya causa para ello».

«Piensa antes de hablar; no pronuncies de manera imperfecta ni digas palabras con irreflexión, sino en orden y con claridad. Cuando otra persona hable, permanece atento y no molestes a la audiencia».

«No cuchichees en presencia de otras personas».

«Trabaja para mantener viva en tu pecho esa pequeña chispa de fuego celestial llamada conciencia»[4].

¿Pienso en el impacto que mis palabras producirán en otros antes de hablar?

¿Utilizo mi conversación para crear armonía y unidad?

Reconozco el valor del silencio

Una de las formas más sutiles de desequilibrio del chakra de la garganta es la charla frívola. «Aquellos que poseen virtud tienen algo que decir, pero quienes tienen algo que decir, no necesariamente poseen virtud», destacó Confucio.

Gautama enseñó que la persona que ha dominado el habla correcta tiene presente el mandato que reza: «En los encuentros de unos con otros, hermanos, hay dos cosas a las que conviene adherirse: a la conversación sobre la Verdad o al silencio sagrado».

La charla frívola o la discusión constituyen un obstáculo a nuestra automaestría porque agotan nuestra energía. Desperdician la vitalidad de nuestro centro de poder. Si hablamos solo cuando necesitamos hablar, reservamos nuestra vitalidad. El Tao Te King describe sin rodeos al «fuerte tipo silencioso» que domina este precepto: «Los que saben no hablan: Los que hablan no saben… Mantén la boca cerrada, vigila los sentidos, y la vida es por siempre llena. Abre la boca, permanece siempre ocupado, y la vida queda sin esperanza»[5].

Ello no significa que nunca debamos decir nada. Gautama, por ejemplo, dijo que quien domina el habla correcta «habla en el momento adecuado, habla conforme a hechos, va al grano»[6]. Hay un momento para hablar y uno para permanecer en silencio. Una regla empírica muy práctica determina que si lo que vas a decir no añade algo valioso a la conversación, ¿por qué decirlo?

Los cuáqueros erigen sus reuniones de culto en torno a este principio. Cuando se reúnen para rendir culto, toman asiento y aguardan en silencio. Situándose a sí mismos y sus asuntos ante la presencia de Dios, abren su mente y corazón al Espíritu Divino. Si alguien se siente llevado por el Espíritu interno a decir algo, lo hace sin que nadie le interrumpa. Los que escuchan reciben con caridad lo que se dice, así como el espíritu inherente a lo que se ha dicho.

El cuáquero estadounidense Rufus Jones, nacido en 1863, atestiguó la maravilla de esos silencios y las palabras de poder a que dieron vida. Escribió: «Nunca tomamos una comida que no fuera precedida de un momento de silencio en agradecimiento; nunca comenzamos un día sin una reunión familiar en la que madre no leyera un capítulo de la Biblia, al que seguía un profundo silencio».

Esos silencios, escribió Jones, eran una característica importante de su desarrollo espiritual. «Había trabajo pendiente dentro y fuera de la casa; sin embargo, nos sentábamos allí, callados.

A menudo me he arrepentido de mis palabras, nunca de mi silencio.

—ANÓNIMO

Pronto descubrí que se estaba produciendo algo muy auténtico. Nos estábamos abriendo paso hacia el lugar de donde vienen las palabras vivas, y con frecuencia acudían. Alguno de los presentes se inclinaba y hablaba con Dios con tal sencillez y calma que nos parecía tenerle siempre cerca.

»Esas palabras ayudaban a explicar el silencio. Habíamos encontrado lo que andábamos buscando. Cuando empecé a pensar en Dios, no le veía tan alejado».

¡Qué poderosas y auténticas pueden llegar a ser nuestras palabras cuando antes se han impregnado del silencio de nuestro espíritu!

Anne Morrow Lindbergh [destacada escritora estadounidense] lo expresó así: «Una nota de música cobra significado desde el silencio anterior y desde el posterior».

 ¿Me doy permiso para permanecer en silencio si no tengo nada valioso que decir en un momento dado?

¿Me tomo el tiempo necesario para establecer contacto con mi espíritu interno antes de hablar?

Defiendo la verdad y la digo

El Buda Gautama enseñó que la persona que practica el habla correcta «dice la verdad, es leal a la verdad, se adhiere a la verdad, es digna de confianza»[7]. Decir la verdad implica hablar de los hechos sin distorsionarlos. Significa no exagerar ni sacar conclusiones precipitadas. Significa vencer la pasividad para defender lo que nos consta es correcto, independientemente de lo que piensen los demás. «No tienes que justificar el hecho de hacer preguntas», señaló en cierta ocasión el historiador Jacob

Neusner. «Pero si crees que has encontrado respuestas, no tienes el derecho a permanecer en silencio».

Con respecto al tema de exagerar, mi padre tenía esa costumbre cuando contaba historias, cosa que le encantaba hacer… De modo que también yo desarrollé ese hábito de jovencita. Más tarde, mis instructores espirituales me llamaron la atención por ello. Me enseñaron que la exageración es algo más que una mentira porque es una desnaturalización de los hechos. También me enseñaron que es importante no hacer nunca una promesa si cabe la posibilidad de que no vayas a poder mantenerla. Pueden parecer minucias, pero marcan una diferencia enorme en nuestra interacción con los demás.

Puede ser un ejercicio interesante fijarte en cuántas veces al día te desvías de la verdad, aun cuando tan solo sea un milímetro. Pero todavía es más interesante averiguar por qué. ¿Es simplemente un hábito? ¿Es un sentimiento de inseguridad o miedo o quizás preocupación por lo que otras personas pensarán de ti?

Confucio dijo que siendo honrados y apoyando a quienes lo son, podemos levantar una nación entera. «Promoved a los honrados, colocándolos por encima de los que no lo son —afirmó— y haréis que estos se enderecen… Si los líderes son dignos de confianza, el pueblo no osará ser poco honrado… Se ha dicho que si hay personas buenas trabajando por un país cien años, es posible erradicar la violencia y los asesinatos. Esta conclusión es cierta»[8].

Los niños imitan a aquellos a quienes respetan. Y los adultos también. Cada uno de nosotros sirve de modelo a alguien. Reflejamos el trabajo interno de nuestro corazón y nuestra alma a quienes nos rodean a través de nuestros patrones del habla: lo que no decimos, lo que decimos y cómo lo decimos.

◉ *¿Digo con firmeza la verdad o exagero algunas veces?*

◉ *¿Hago suposiciones y hablo antes de conocer los hechos?*

◉ *¿Se puede confiar en que voy a decir las cosas cuando hace falta?*

 Ejerzo el poder de la palabra hablada para transformar

Así como hay un tiempo para hablar y otro para estar en silencio, también hay un tiempo para meditar y otro para asimilar el fruto de nuestra meditación y propagarlo por medio de la ciencia de la palabra. El poder creativo del sonido se halla en el corazón de las religiones o escuelas espirituales de Oriente y Occidente, llámesele el Shema y Amidá de los judíos, el Padrenuestro de los cristianos, el Shahadá de los musulmanes, el Gayatri hindú o el Om Mani Padme Hum budista.

Los yoguis hindúes utilizan los mantras para obtener protección y sabiduría, aumentar su concentración y meditación y para que les ayuden a conseguir la iluminación y la unidad con Dios. En la tradición mística judía los cabalistas enseñaban que, a fuerza de invocar los nombres de Dios y meditar en ellos, podíamos conectarnos con una fuente infinita de poder a fin de restituir la paz y la armonía a este mundo. En el catolicismo se repiten el rosario y otras oraciones con el propósito de invocar intercesión divina.

Tanto científicos como sabios explican que la palabra hablada puede literalmente generar cambios y transformación. Por ejemplo, el Dr. Herbert Benson, presidente y fundador del Instituto Médico Cuerpo-Mente de la Harvard Medical School, descubrió que quienes repetían mantras sánscritos durante solo diez minutos al día experimentaban cambios fisiológicos: reducción del ritmo cardíaco, niveles más bajos de estrés y metabolismo más lento.

Posteriores estudios han demostrado que repetir mantras puede beneficiar al sistema inmunológico, aliviar el insomnio, reducir las visitas al médico e incluso aumentar la autoestima. Cuando Benson y sus colegas probaron con otras oraciones, incluida «Señor Jesucristo, ten misericordia de mí», descubrieron que producía el mismo efecto positivo. En resumen, la oración repetitiva revitaliza.

En materia de iniciaciones en nuestros chakras, la oración y la afirmación pueden estimular nuestro crecimiento espiritual porque contribuyen a deshacer la falsa programación mental alojada en nuestro subconsciente. Este funciona como una grabadora: graba cada impresión que hemos absorbido a lo largo de esta y de anteriores vidas, lo bueno y lo malo. Y, por si fuera poco, ello incluye lo negativo que hayamos oído y creído sobre nosotros.

Cada vez que pienses algo negativo sobre ti mismo, cada vez que alguien te critique o intimide, tu subconsciente graba el suceso. A veces no nos damos cuenta de cuánto nos han influido los pensamientos o palabras de otra persona, sobre todo, de un progenitor, un hermano o una figura de autoridad. Estos aspectos negativos son trampas explosivas capaces de socavar nuestro éxito. Con demasiada frecuencia nos limitamos —nuestro trabajo, nuestros ingresos, nuestro nivel educativo, nuestras metas en la vida— por lo que creemos de nosotros mismos.

El subconsciente no solo graba las impresiones negativas sino que, al igual que un casete con programación automática, reproduce las grabaciones del pasado. Por eso las afirmaciones posi-

Manéjalas con cuidado ya que las palabras tienen más poder que las bombas atómicas..

—PEARL STRACHAN HURD

tivas han resultado ser tan beneficiosas. Cuando se las utiliza de manera apropiada, pueden ayudarnos a alinear el subconsciente a medida que afirmamos la belleza innata y el potencial positivo de nuestra alma.

Yo he obtenido excelentes resultados al limpiar el subconsciente de aspectos negativos utilizando mantras y afirmaciones a la llama violeta. Puedes pedir a tu Yo Superior que la dirija a pensamientos, acciones y palabras determinadas que produjeron las grabaciones negativas en tu subconsciente. Visualiza la llama violeta consumiendo por completo esas grabaciones, una a una.

Stephen Covey, sostiene en el «best seller» *Los siete hábitos de la gente altamente efectiva* que las afirmaciones y visualizaciones pueden ser de gran ayuda. Nos recuerda que «en el liderazgo personal efectivo, las técnicas de visualización y afirmación surgen naturalmente de un fundamento mental bien conocido, a través de propósitos y principios que pasan a ser el centro de la vida individual». Indica que estas técnicas «son extremadamente poderosas para reescribir los guiones y la reprogramación» cuando procuramos alinear nuestra vida con los propósitos y principios que juzgamos más importantes.[9]

Las afirmaciones, en especial las que utilizan «YO SOY» son una potente forma de oración hablada. Las afirmaciones YO SOY emplean el nombre de Dios «YO SOY» para adquirir poder espiritual. «YO SOY» viene de «YO SOY EL QUE YO SOY», el nombre que Dios reveló a Moisés cuando dijo: «Este es mi nombre para siempre; con él se me recordará por todos los siglos»[10]. La Biblia de Jerusalén traduce el pasaje así: «Este es mi nombre para siempre, por él seré invocado de generación en generación».

¿Qué quiere decir «YO SOY EL QUE YO SOY»? A mi juicio, significa simple pero profundamente «como es arriba, es abajo». Dios afirma: «YO, que estoy (soy), arriba, estoy (soy) aquí abajo». Cuando dices «YO SOY EL QUE YO SOY» estás afirmando que Dios está donde tú estás. En efecto, estás diciendo: «Así como Dios está en el cielo, también está en la tierra conmigo. Allí donde yo esté, está Dios. Yo soy el que "YO SOY"».

En una afirmación YO SOY reúnes el poder interno de tu chakra de la garganta y el poder de Dios dentro de ti para provocar cambios constructivos. Puedes crear tus propias afirmaciones YO SOY cortas, poderosas, adaptadas a tus propias necesidades, como por ejemplo «YO SOY el perdón aquí actuando», «YO SOY la luz del corazón» o «YO SOY el poder de la paz». Las afirmaciones YO SOY por lo general se pronuncian con poder y determinación.

Cada vez que decimos «YO SOY (estoy) _____», en realidad estamos diciendo «Dios en mí es (está) _____». Y cualquier cosa que afirmemos detrás de las palabras «YO SOY» [o yo estoy] se volverá realidad en nuestra vida, ya sea «yo estoy enfermo», «yo estoy cansado», «yo estoy disfrutando de este día» o «yo estoy sano». Ello ocurre porque lo que pensamos o decimos influye en el estado de nuestro cuerpo. La luz de Dios que fluye por nosotros obedecerá nuestras órdenes. En resumen: *las palabras habladas dirigen la energía. Las creaciones de nuestro poderoso chakra de la garganta son profecías que se cumplen.*

Cuando llegas al punto de comprender que la tremenda energía de Dios fluye dentro de ti a cada instante, empiezas a adquirir un sentimiento de reverencia y admiración. Te dices a ti mismo: «Ya llega la energía de Dios. ¿Qué voy a hacer con ella hoy? ¿Voy a utilizarla para reforzar el lado negativo de la vida? ¿O la emplearé para afirmar algo bello, algo auténtico, algo que importe para mi progreso espiritual y que beneficie a los demás?».

¿Qué circunstancias he creado en mi vida al afirmar cosas positivas o negativas sobre mí mismo?

¿Qué creencias negativas tengo sobre mí mismo que socaven mi éxito en la vida?

¿Cómo puedo incorporar a mi vida el poder de la palabra hablada por medio de oraciones, afirmaciones o mantras con el fin de transmutar esos aspectos negativos?

TÉCNICAS ESPIRITUALES

Afirmaciones para el chakra de la garganta

¡He venido a hacer Tu voluntad, oh Dios!

Vida de dirección divina YO SOY,
enciende en mí tu luz de la verdad.
Concentra aquí la perfección de Dios,
libérame de toda discordia ya.

Guárdame siempre muy bien anclado
en toda la justicia de tu plan sagrado.
¡YO SOY la presencia de la perfección
viviendo en el hombre la vida de Dios!

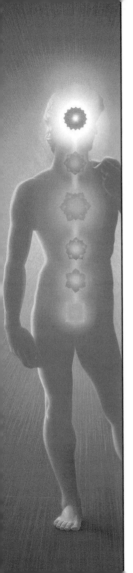

SEXTO CENTRO DE ENERGÍA
TERCER OJO

UBICACIÓN: Entre las cejas

COLOR: Verde esmeralda

NOMBRE SÁNSCRITO: Ajna («ordenar»)

PÉTALOS: 96 (o 2)

MANIFESTACIÓN POSITIVA: Verdad, visión, tener el concepto más elevado de mí y de los demás, curación, integridad, abundancia, claridad, constancia, concentración, música, ciencia

MANIFESTACIÓN DESEQUILIBRADA: Falsedad, falta de visión, crítica mental, falta de claridad, empobrecimiento espiritual, inconstancia

ÓRGANO DEL CUERPO: Glándula pituitaria (o pineal), partes del cerebro

INSTRUMENTO MUSICAL: Piano

PIEDRA PRECIOSA: Esmeralda, diamante, jade, cristal de cuarzo

RELIGIÓN: Confucianismo

Al concentrar nuestra visión interna en el plan divino, obtenemos claridad y profundidad creativa.

CHAKRA DEL TERCER OJO

Mantener una
visión global de
integridad

*La lámpara del cuerpo
es el ojo; así que, si tu ojo
es bueno [uno], todo tu
cuerpo estará lleno de luz.*

—JESÚS

Por medio del sexto centro de energía, el chakra
del tercer ojo, podemos acceder al poder de la visión interna para percibir la realidad de una situación. Además, este chakra, junto con el de la coronilla, nos conecta con el impresionante reino de la
mente superior y sus destellos de profundidad, ingenio y originalidad.

La profundidad o penetración se obtiene mirando hacia adentro. Consiste en el poder de ver
dentro de una situación, de uno mismo o de la na-

turaleza interna de las cosas. Es discernimiento, penetración. El tercer ojo se vincula asimismo con la intuición, palabra que viene del latín y cuyo significado es mirar, contemplar. Nuestras percepciones y nuestras intuiciones son las revelaciones interiores que recibimos del chakra del tercer ojo cuando estamos en armonía con nuestro Yo Superior.

Debes hacer caso a la vocecita dentro de ti que te indica exactamente qué tienes que decir o decidir. Tu intuición es tu instrumento.

—INGMAR BERGMAN

Estas revelaciones pueden presentarse en forma de corazonadas, impulsos o incluso visiones. Muchas veces, si Dios quiere que haga algo o sepa algo, descubro que coloca una imagen frente a mí. Literalmente tengo una «visión» de lo que debo hacer.

Cuando accedemos al poder puro de nuestro tercer ojo, adquirimos una percepción y una perspectiva claras sobre la vida. Por mediación de este chakra sostenemos en la mente el arquetipo más elevado y el resultado óptimo de una situación. Nos ponemos en sintonía con lo que debería ser (el patrón divino) en lugar de con lo que está aconteciendo ahora, y somos capaces de discriminar para saber cuál es la verdad y la realidad interna de una determinada situación.

Los chakras de la sede del alma y del tercer ojo están muy conectados. El adepto Djwal Kul se refiere con estas palabras a las energías del alma que se elevan al tercer ojo:

«Mientras el hombre externo acepta la vida según su valor superficial, el alma evalúa el flujo de energía, de karma y de los ciclos de la vida desde el punto de vista de la realidad interna... La imagen y semejanza de Dios, a partir de la cual fueron creados el hombre y la mujer, está en el tercer ojo de cada cual como el potencial que toda alma viva está destinada a manifestar»[1].

Así pues, el desafío que afrontamos en el nivel del tercer ojo, explica Djwal Kul, es purificar este centro de energía para que podamos anclar el patrón perfecto de nuestro ser en la forma externa y dirigir nuestra concentración hacia las alturas de nuestro yo superior.

Respeto el ingenio y las percepciones creativas que se presentan ante mí y ante los demás

Respetar las percepciones creativas que acuden a nosotros es una manera de dominar las energías del chakra del tercer ojo. Ello requiere dejar de lado nuestro pensamiento y juicio analíticos para dejar espacio a los destellos de ingenio que puedan presentársenos.

El análisis y la evaluación detallados constituyen una destreza necesaria. Pero si analizamos en exceso, tal vez sofoquemos los fuegos creativos. Por este motivo los cursos sobre escritura creativa nos instan a no filtrar nuestro trabajo antes de ponerlo por escrito. Tan solo siéntate y escribe, aconsejan, porque si criticas tus palabras antes de dejarlas salir, quizás nunca escapen del hogar-prisión de tu juicio mental.

Tenemos la responsabilidad hacia nosotros mismos y hacia los demás de permitir que ambos lados del cerebro digan su opinión: el lado creativo y el lógico. Probablemente todos hayamos experimentado alguna vez el habernos entusiasmado tanto con una idea nueva que no hemos podido esperar a contarla a un amigo, socio o pariente. Ellos, en lugar de limitarse a escuchar o animarnos, han empezado a analizarla y a decirnos por qué razón podría o no funcionar: «¿Has pensado tal o cual cosa?».

Esas preguntas son parte legítima del siguiente paso, pero no siempre ayudan o son apropiadas cuando los jugos creativos empiezan a fluir. ¿Recuerdas que te marchaste con una sensación como si alguien hubiera echado un jarro de agua fría a tu fuego? Es una situación peligrosa. A la larga, si nos damos por aludidos, este tipo de situaciones pueden evitar que nos sintamos bien con nosotros mismos y que aceptemos las ráfagas de imaginación y originalidad en cuanto nos lleguen.

Otra trampa que debemos vigilar es la de los juicios implacables de nuestro intelecto humano. Nuestra mente inferior tratará de convencernos de que la original idea que acaba de aparecer en nuestra mente no es factible o es una solemne estupidez. No permitas que tú u otra persona descarte tus inspiraciones y percepciones por considerarlas «fruto de la imaginación». Más bien tan pronto como se asomen a tu cabeza, escríbelas. No las dejes escapar.

«El intenso poder de la imaginación es un regalo de Dios», afirmó Abraham Isaac Kook, cabalista del siglo xx. «Sumada a la grandiosidad de la mente, a la potencia de la deducción, a la profundidad ética y al sentido natural de lo divino, la imaginación se convierte en un instrumento para el Espíritu Santo»[2].

Napoleón Hill, en su obra *Piense y hágase rico*, insiste en la importancia de la «imaginación creativa» para alcanzar nuestras metas. Comenta que solo un pequeño número de personas utilizan deliberadamente la facultad de la imaginación creativa. «Los que la usan de manera voluntaria y entendiendo sus funciones son genios», apunta. «La facultad de la imaginación creativa es el vínculo directo entre la mente finita del hombre y la Inteligencia Infinita. Las denominadas revelaciones, a que se alude en el ámbito de la religión, así como todos los descubrimientos de principios básicos o nuevos en el campo de la innovación, se producen gracias a la facultad de la imaginación creativa».

Hill prosigue diciendo que «uno de los financieros más conocidos y de mayor éxito en los Estados Unidos tenía el hábito de cerrar los ojos dos o tres minutos antes de tomar una decisión. Al preguntársele por qué lo hacía, contestó: "Con los ojos cerrados soy capaz de valerme de una fuente de inteligencia superior"»[3].

Algunos de los más ingeniosos inventos se han producido como consecuencia de la imaginación e inspiración creativa de nuestro tercer ojo. Velcro, por ejemplo, se desarrolló en la década de 1940 cuando el inventor suizo George de Mestral fue a pasear con su perro y se dio cuenta, más tarde, de que sus pantalones y el pelo del animal estaban cubiertos de espinas de erizos. La curiosidad (¿o sería una inspiración superior?) le condujo a estudiar los erizos en el microscopio. Descubrió que tenían una forma parecida a un gancho o garfio. Ello fue la base para la creación del velcro.

Imagínate que la esposa de George le hubiera dicho que se fuera a limpiar los pantalones y dejase de parlotear de esa disparatada idea nueva. Quizás nunca hubiese tenido la confianza de seguir su corazonada.

 ¿Respeto las ideas nuevas, mías o de los demás, o a veces hago caso omiso del proceso creativo por utilizar la mente analítica?

*¿Han sofocado mi ingenio creativo las opiniones
de los demás a lo largo de los años? En caso
afirmativo, ¿qué medidas puedo tomar para
reservar tiempo y espacio a fin de alentar esas
visiones inspiradas?*

Reconozco que allí donde pongo mi atención, en eso me convertiré

Cuando Jesús dijo: «Si tu ojo es bueno [uno], todo
tu cuerpo estará lleno de luz», estaba hablando de
la visión concentrada del chakra del tercer ojo. Se
refería a la verdad consistente en que allí donde
descansa nuestra atención, también lo hace la
luz-energía de nuestro ser. Cuando el ojo es «uno»
—cuando está enfocado hacia Dios, hacia el bien,
hacia el máximo potencial— abrimos una impresionante autopista de luz entre nuestro mundo y el
divino.

Con todos los pormenores del día, ¿con cuánta
frecuencia nos acordamos de dirigir nuestra atención hacia Dios, hacia el bien, hacia ese máximo
potencial? Hacer una breve pausa durante la rutina

del día para concentrarnos con el tercer ojo en la luz interior, en Dios, en nuestras metas elevadas, puede constituir un paso muy determinante. Porque aquello en lo que ponemos la atención, lo revitalizamos. Es más: aquello en lo que ponemos la atención, en eso nos convertimos. El Buda Gautama lo resumió mejor al concluir: «Lo que somos hoy es consecuencia de nuestros pensamientos de ayer. Nuestros pensamientos de hoy están construyendo nuestra vida del mañana. Nuestra vida es una creación de nuestra mente».

El Dr. Charles Garfield demostró que quienes desempeñan su profesión con gran éxito, incluidos los atletas, se valen en su totalidad del poder de la visualización. Se visualizan cumpliendo sus objetivos. Utilizan el poder del tercer ojo, del ojo interno, para dirigir su atención. Y aquello en lo que ponen la atención, en eso se convierten. Nosotros podemos hacer lo mismo.

Para ser perfección el hombre debe ver perfección.

—DJWAL KUL

El Dr. Wayne Dyer, por ejemplo, explica que lo que de verdad, de verdad, de verdad, de verdad queramos, lo conseguiremos. Y lo que de verdad, de verdad, de verdad, de verdad no queramos también lo conseguiremos, porque aquello en lo que pongamos nuestra energía, sucederá. Piensa en lo que dijo Job: «Porque me ha venido aquello que me espantaba, me ha acontecido lo que yo temía».

«La atención es la clave», afirma Saint Germain. «Allí donde va la atención del hombre, allí va su energía». La consecuencia de todo esto es que allí donde nuestra atención no va, donde retiramos la energía, se producirá la desintegración.

Una escena de la serie de televisión *Merlín* captó perfectamente este concepto. En esa versión de la historia de Merlín, la reina Mab es la artífice del mal. Su único propósito es controlar al rey Arturo y a Merlín. Promueve el nacimiento de Modred y lo cría desde la infancia para ser el enemigo de Arturo. Mas se frustran sus planes cuando Modred y Arturo mueren cada uno a manos del otro.

En una de las escenas finales, la reina Mab y Merlín se encuentran cara a cara. Merlín resiste los poderes mágicos de la reina Mab, pero no le resulta fácil. Puesto que ella continúa provocándole, Merlín comunica a Mab que esta no tiene ningún poder sobre él o sobre los caballeros de Cámelot porque simplemente se van a «olvidar» de ella.

Merlín y los caballeros vuelven la espalda a Mab y caminan en dirección contraria. Ella grita exigiendo que Merlín la mire, pero ni este ni los caballeros atienden su ruego. Sola y sin un solo adversario —nadie que la apoye o que le tema— poco a poco se desintegra y desaparece en la nada. No puede existir a menos que alguien crea que ella existe.

Estos conceptos revisten gran importancia para nuestra vida y el desarrollo de los chakras. Si queremos desarrollar maestría en cierta destreza o virtud, debemos dirigir nuestra atención hacia ello y, a la vez, retirar la atención, la visión, de lo que no contribuye a nuestro éxito.

Debido a que nuestra visión y nuestros pensamientos tienen el poder de crear, siempre he animado a las mujeres embarazadas a meditar en la música clásica y en bellas obras de arte a fin de que transmitan patrones de belleza y perfección al alma del no nacido. Los futuros padres y madres pueden elaborar un libro de meditaciones con imágenes y flores, hermosas escenas de la naturaleza, ángeles y la Virgen con el niño. Las madres pueden acariciar el perfil de una estatua del David de Miguel Ángel para transferir al feto la forma arquetípica de la perfección.

También es buena idea utilizar activamente el poder de tu visión interna en tus ejercicios espirituales. Siempre que medites o reces, obtendrás mayores resultados si visualizas los frutos de aquello por lo que estás orando. Obsérvalo manifestándose ante tus ojos. Fíjate en los detalles de los objetivos como si ya estuvieras en la línea de llegada: un nuevo empleo o una nueva casa, una relación amorosa, la curación de un ser amado.

¿Recuerdo alguna ocasión en la que haya dirigido mi atención hacia algo positivo (o no tan positivo) y por tanto lo haya atraído a mi vida?

¿Hay algo en mi vida, ahora mismo, que precise total atención? ¿Hay algo de lo que necesite retirar mi energía porque está interfiriendo en una labor creativa?

*Me empeño en reconocer y superar las
ideas fijas y en ver como Dios ve*

Cuando tenemos una visión única, concentrada, cuando dirigimos la atención hacia Dios, permitimos que nuestro ojo se convierta en el de Él. Vemos lo que Dios ve. Vemos *como* Dios ve.

Lo que a menudo nos impide ver como Dios son nuestras ideas fijas, nuestros estereotipos. Una idea fija es una idea establecida. Las palabras de un adepto zen al respecto fueron: «Deja de hablar, deja de pensar, y no habrá nada que se resista a tu comprensión… No existe necesidad de buscar la Verdad: tan solo deja de tener ideas, opiniones». Las ideas u opiniones a que se refiere son las ideas fijas. Cuanto más rígidas sean, menores son las posibilidades de que Dios, o quien sea, nos brinde un nuevo modo de ver algo, una nueva percepción.

¿Te has percatado de lo difícil que resulta ser creativo y estar inspirado cuando a tu alrededor hay personas con una mente rígida? Tener conceptos mentales rígidos es algo así como una reja de alambre con púas. Por este motivo los maestros alquimistas, como Saint Germain, nos advierten de que no es buena idea compartir todos nuestros planes ni siquiera con nuestros amigos más íntimos.[4] Las ideas fijas o las mentes cerradas pueden echar a perder nuestros esfuerzos creativos e impedir que estemos en contacto con nuestra mente superior. El mal uso agravado de las energías del chakra del tercer ojo con el fin de dañar o malograr los planes ajenos es lo que algunos denominan «mal de ojo».

Mark Prophet habló del peligro vinculado a las ideas fijas y los estereotipos en una conferencia que llevaba por título: «Educa tu visión». Mark planteaba:

«¿Qué son los estereotipos? Pues bien, uno mira a otra persona y dice: Esta persona se parece a mi tía. Y mi tía piensa igual; de manera que esa persona tiene que pensar lo mismo.

»Uno de los errores que somos propensos a cometer es mirar a las personas y tomar decisiones acerca de ellas. Cuando decidimos algo sobre un individuo, tendemos a ponerle un kimono de hierro. Así que, nuestras ideas rígidas acerca de ellos pasan a ser sus experiencias y ellos terminan preguntándose por qué actúan de esa manera».

Mark continúa con el relato de un tal señor Wright, que había sido su empleado. Este distinguido caballero tenía una peculiar forma de proyectar ciertos estereotipos (ciertas ideas fijas) hacia sus empleados: «Este es eficiente; aquel, no». Los encasillaba. En cuanto el señor Wright se acercaba a Mark, este empezaba a tener un horrible sentimiento de inferioridad. Comenzaba a tartamudear, aun cuando jamás le había ocurrido con nadie.

Mark decía que las personas son propensas a encerrar a los demás en una caja, de la que nunca les dejan salir: «Les gusta decir: En un tiempo ella era tal cosa; en otro, él era tal otra. Lo último que sé es que era un borracho, un drogadicto o Dios sabe qué». En contra de ello, Mark nos animaba a «dar a las personas la libertad de expresar los aspectos más elevados de sí mismas, en lugar de confinarlas a la celda de una prisión creada por nosotros».

¿Qué ideas fijas o estereotipos tengo sobre mí mismo? ¿Y sobre los demás?

¿Intento ver a los demás como Dios los ve?

Practico fijar en la mente la imagen más elevada de los demás, aunque no la estén manifestando en este momento

Gracias a la visión interna del tercer ojo, junto con la intuición del chakra del alma, puedes emplear el «concepto inmaculado» en tu vida, tus proyectos, tus planes. El concepto inmaculado es el proyecto divino original de lo que está destinado a ser o a haber. Cuando lo sostengamos en la mente con constancia, cuando dirijamos nuestra energía y visión interna hacia allí, crearemos la imagen que estamos «viendo» y esta se manifestará.

Podemos fijar este proyecto original en la mente no solo con respecto a nuestra vida, sino a la de los demás. De la misma forma que Dios mantiene de continuo la imagen perfecta de nosotros, nosotros podemos hacer lo mismo por el prójimo. Goethe afirmó una vez: «Si tratas a los hombres como son, nunca los vas a mejorar. Si los tratas del modo en que quieres que sean, sí».

En el día a día, mantener el concepto inmaculado de alguien significa no sacar conclusiones antes de conocer los hechos. Significa que nos brindamos la oportunidad, y se la ofrecemos a los demás, de trascender lo que hayamos podido ser hace décadas, hace semanas o hace una hora. Reconocer nuestras percepciones equivocadas puede ser todo un desafío. No siempre percibimos las cosas como son, porque lo que asimilamos pasa por el filtro de nuestra matriz emocional y mental.

Aung San Suu Kyi, disidente política de Birmania, hizo ciertos comentarios al respecto. Si has visto la película «Más allá de Rangún» (*Beyond Rangoon*), ella era la mujer que caminaba con valentía en dirección a una hilera de soldados cuyos rifles estaban listos para dispararle. Los soldados estaban tan asombrados por el coraje de la mujer que no la impactaron. Estuvo bajo arresto domiciliario en Birmania seis años hasta que la dejaron en libertad en 1995, y ahora se halla bajo estricto control del Gobierno en la capital birmana, Rangún.

Yo estoy siempre con vosotros significa que cuando buscas a Dios, Él está en tu mirada... más cerca de ti que tú mismo.

—RUMI

En un país en el que miles de prisioneros políticos son detenidos y torturados, Aung San Suu Kyi habla claro y con intrepidez a favor de la democracia y es una budista devota. En el libro *The Voice of Hope (La voz de la esperanza)*, compilado a partir de conversaciones con Alan Clements, ella habló de cultivar la «percepción», la cual se relaciona con la iniciación del chakra del tercer ojo.

Explicó que la búsqueda de la verdad «es en cierto modo la lucha por vencer la subjetividad» tan pronto como aprendemos a distanciarnos de nuestros prejuicios a la hora de evaluar una situación.

«La búsqueda de la verdad —señaló— debe ir acompañada de percepción o conciencia… Si eres consciente de lo que estás haciendo, tienes una perspectiva objetiva de ti mismo. Y si eres consciente de lo que las demás personas están haciendo, también te vuelves más objetivo hacia ellas.

»Por ejemplo, percepción significa que cuando eres consciente de que alguien grita, no piensas para tus adentros: *¡Qué hombre más horrible!* Eso es totalmente subjetivo. Pero si eres consciente, sabes que está gritando porque está enojado o asustado. Eso es objetividad. De lo contrario, sin percepción, sin conciencia, todo tipo de prejuicios acaban multiplicándose»[5].

En otra conversación, Aung San Suu Kyi comentó que el humor puede ayudarnos a desarrollar la objetividad. El entrevistador expresó lo sorprendido que estuvo al saber que el día en que la arrestaron, ella y sus ayudantes «se rieron por la crisis y empezaron a contar chistes»[6]. En otra ocasión, los líderes perseguidos del movimiento para la democracia en Birmania lloraron de risa por lo absurdo del comportamiento de la inteligencia militar birmana, la cual había sometido a uno de ellos a un interrogatorio durante veintisiete horas ininterrumpidas.

Aung San Suu Kyi replicó: «Obviamente no nos encontramos en una situación agradable, pero lo serio de la situación es algo de lo que sí podemos bromear. De hecho, un montón de ciudadanos birmanos bromean sobre ello: se hacen bromas sobre los trabajos forzados, sobre la cárcel… Creo que el sentido del humor requiere una cierta dosis de objetividad en una situación; por ello es tan saludable.

»Si observas las cosas en conjunto, siempre puedes verles el lado gracioso. Por eso nos reímos de situaciones que a algunos les parecen tan serias. Es decir, cuando U Win Htein y otros se reían de su relato en el interrogatorio, si lo miras en conjunto, se ve bastante ridículo. Pero si lo miras desde un solo ángulo, resultaría exasperante, humillante o incluso espantoso a ojos de algunas personas»[7].

¿Saco conclusiones cuando trato con ciertas personas o situaciones?

¿Mantengo la imagen más elevada de mí mismo, de mi familia, de mi pareja, de mis compañeros de trabajo?

TÉCNICAS ESPIRITUALES

*Afirmaciones para equilibrar
el tercer ojo*

Visualización:

Respira profundamente varias veces. Concentra tu energía en el punto del chakra del tercer ojo, entre las cejas.

Imagina tu tercer ojo como un centro de energía vibrante de color verde esmeralda. (Si sientes algún tipo de incomodidad o dolor entre las cejas, desplaza lentamente la concentración hacia el corazón).

Una vez domines la visualización, imagina algo que desees que ocurra: el logro de una meta, la resolución de una situación en el trabajo, la mejora de una relación… Mientras lo estés haciendo, repite las siguientes afirmaciones:

YO SOY, YO SOY *quien observa todo,*
mi ojo es único mientras imploro;
elévame ahora y libérame,
que tu santa imagen pueda ser.

YO SOY *el ojo que Dios utiliza*
para ver el plan divino;
aquí en la Tierra elijo Su camino,
Su concepto hago mío.

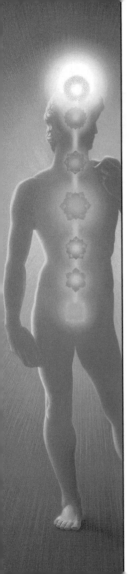

SÉPTIMO CENTRO DE ENERGÍA
LA CORONILLA

UBICACIÓN: Coronilla

COLOR: Amarillo, oro

NOMBRE SÁNSCRITO: Sahasrara
(«mil facetas»)

PÉTALOS: 972

MANIFESTACIÓN POSITIVA:
Iluminación, sabiduría, conocimiento
del yo y del Yo, comprensión,
humildad, conciencia cósmica,
imparcialidad (mente abierta)

MANIFESTACIÓN DESEQUILIBRADA:
Egocentrismo, orgullo intelectual y
espiritual, vanidad, intelectualismo,
estrechez de miras, ignorancia

ÓRGANO DEL CUERPO: Glándula
pineal (o pituitaria), corteza cerebral,
sistema nervioso

INSTRUMENTO MUSICAL:
Instrumentos de cuerda

PIEDRA PRECIOSA: Diamante amarillo,
zafiro amarillo, topacio

RELIGIÓN: Budismo

*Por medio del conocimiento del
Yo interno alcanzamos la sabiduría
(o sabio dominio), la iluminación
y la unidad con toda la vida.*

CHAKRA DE LA CORONILLA

LECCIÓN DE VIDA:
Crear unidad a
partir de la diversidad

*Yo soy una parte de todo lo
que me he encontrado.*

—ALFRED, LORD TENNYSON

El séptimo centro de energía, el chakra de la coronilla, es aquel donde recibimos y experimentamos sabiduría e iluminación. La apertura de este centro en el pleno resplandor de su luz amarilla dorada se ha representado tradicionalmente con el halo o aureola de los santos. También, con la vibrante corona en torno a los budas o la protuberancia en forma de cúpula o de llamas que figura en lo alto de su cabeza.

La sabiduría de los santos y de los budas no equivale al conocimiento de las cosas del mundo. Es el conocimiento de la realidad que se encuentra más allá del mundo físico, la realidad interna que da estímulo a la forma externa. La sabiduría del chakra de la coronilla significa que nuestro conocimiento de esta realidad interna es más importante que todas nuestras proezas intelectuales.

Cuando le preguntaron al Buda Gautama: «¿Quién eres?», él respondió: «Yo estoy despierto». Estar iluminado quiere decir que estamos despiertos a nuestro potencial interno. Cuando estamos despiertos, entendemos las limitaciones de nuestro yo inferior y los recursos ilimitados de nuestro gran Yo.

Por medio del chakra de la coronilla podemos conectarnos a una fuente superior de conocimiento: nuestra propia mente superior, que está unida a la mente de Dios. Podemos aprovechar nuestro propio genio creativo. Porque un genio, advirtió Napoleón Hill, es tan solo «aquel que ha descubierto cómo incrementar la intensidad del pensamiento al punto de poder comunicarse con fuentes de conocimiento no disponibles a través del coeficiente o ritmo normal de pensamiento»[1].

La sabiduría de la coronilla, inextricablemente ligada a la compasión, nos incita a compartir lo que hemos recibido con aquellos que más lo necesitan. Después de meditar bajo el árbol Bo y lograr la iluminación, el Buda Gautama permaneció en nirvana durante cuarenta y nueve días. Y, antes de impartir a los demás la sabiduría que había cosechado, la tentadora, Mara, trató de convencerle de que regresara al nirvana. Compartir esa enseñanza no tenía ninguna utilidad, señaló Mara, porque nadie la entendería. Sin embargo, Gautama no retrocedió. Se limitó a responder: «Alguien la entenderá».

De una u otra forma, todos estamos llamados a compartir la iluminación que hemos recibido a lo largo de la vida. La sabiduría que cosechamos de nuestra inteligencia superior, de las universidades del mundo o incluso de la «escuela» de los reveses de la vida es un regalo. De la compasión que sentimos por los demás nos brota el impulso de compartirlo, ya sea utilizándolo para guiar a los niños de nuestra familia o vecindario, para desarrollar un programa informático que ayude a otras personas a obtener nuevas destrezas o para curar enfermos.

Me esfuerzo por trascender las limitaciones del intelecto humano

Pablo Picasso comentó en cierta ocasión: «Las computadoras son inútiles. Solo pueden dar respuestas». Las preguntas que rebasan las fronteras de lo conocido son lo que nos catapulta al reino de los genios. El cosmólogo británico de Cambridge Stephen Hawking afirma: «No existe una ruta prescrita que se deba seguir para llegar a una idea nueva. Tienes que dar el salto intuitivo».

Uno de los secretos del chakra de la coronilla es que ese salto de la conciencia no requiere de un doctorado. El hecho de andar provistos de un intelecto humano bien desarrollado no necesariamente nos hace aptos para acceder a la inteligencia divina. De hecho, según Lao Tse, «sin ir a ninguna parte, puedes conocer el mundo entero. Sin ni siquiera abrir la ventana, puedes conocer los caminos del cielo. Ya ves: cuanto más lejos vas, menos conoces».

Al educarnos, podemos prepararnos para recibir los impulsos de nuestra mente superior y de la mente de Dios en la profesión que elijamos. De todos modos, el intelecto no es la mente de Dios. Ralph Waldo Emerson dijo: «El hombre debería aprender a detectar y observar ese destello de luz que pasa por la mente, más que el brillo del firmamento de poetas y sabios».

De hecho, nuestra educación a veces puede interferir, sobre todo si es caldo de cultivo para el orgullo. Tenemos que estar dispuestos a pasar por alto los conceptos del

El propósito de aprender es comprender lo divino.

—ABRAHAM ABULAFIA

intelecto tendentes a descartar por medio del raciocinio los conceptos de Dios.

Este es el modus operandi de los maestros zen y de sus *koanes* o acertijos. Un maestro zen explicó: «Quienes buscan la verdad solo mediante el intelecto y la erudición, se alejan cada vez más de ella… Hasta que no abandones todos los pensamientos de ir en busca de algo, hasta que tu mente no esté inmóvil como un pedazo de madera o una piedra, no andarás por el camino correcto hacia *la puerta*».

La historia de Bill, un programador informático, ilustra esta cuestión. Bill comenta que en ocasiones los programas que elabora son tan complicados que se bloquea mentalmente. «A veces pienso que está fuera de mis capacidades; simplemente no sé hacerlo», explica. «Pero si consigo centrarme y estar en condiciones de ser un cáliz por medio del cual Dios opere, desde algún lugar en el cosmos —no sé cuál— me viene un pensamiento a la mente que antes no estaba ahí, el cual me hace fijarme en algo; y luego eso me conduce a otra cosa que me lleva hasta otra. Al final, me guía hasta la respuesta. Sin embargo, para llegar allí tengo que deshacerme del sentimiento de ser indigno de esa tarea y abrirme».

Entablar contacto con nuestra inteligencia superior puede brindarnos las respuestas que no encontramos en otra parte. A veces actuamos un poco como el Papa Juan XXIII, quien en cierta ocasión bromeó al respecto: «A menudo me sucede que me despierto de noche y comienzo a pensar sobre un problema serio. Luego decido que debo contárselo al papa. ¡Entonces me despierto del todo y me acuerdo de que yo soy el papa!»[2].

Si te despiertas a mitad de la noche buscando la respuesta a un problema, no olvides que tienes acceso ilimitado a todo el conocimiento y creatividad que necesites, siempre y cuando estés preparado para recibirlo.

◉ *¿Tengo la tendencia a confiar demasiado en mi intelecto humano o más bien intento conectarme con mi mente creativa superior?*

◉ *Cuando me vienen percepciones e inspiraciones que pueden ayudar a otros, ¿las comparto?*

> *Me doy tiempo para desacelerarme, aquietar la mente y pasar tiempo en soledad*

Una manera de equilibrar nuestro chakra de la coronilla a fin de prepararnos para recibir los impulsos de la inteligencia divina es aminorando el paso y calmando la mente externa. ¿Eres capaz de aquietar la mente? ¿Te distraes con facilidad? ¿Ocupas la mente en trivialidades o fantasías? Parafraseando al sabio taoísta Chuang Tzu: «Si no puedes mantener en calma la mente, a eso se le llama galopar aun estando sentado».

¿Acaso tu mente galopa mientras estás sentado? No es un problema fuera de lo común. En un clásico del siglo VIII titulado *Guía sobre el estilo de vida del Bodhisattva*, el monje poeta Shantideva compara la mente difícil de manejar con un elefante furioso. «No es posible seguir ninguna disciplina sin vigilar la mente temblorosa. Los elefantes no domesticados o agotados por el trabajo excesivo no causan el daño que sí ocasiona la mente descontrolada, esto es, un elefante descontrolado». Si la mente perezosa queda fija en otra cosa, afirma, todos nuestros ejercicios espirituales, aunque los realicemos durante largo tiempo, «son inútiles»[3]. Repetimos lo dicho: eso ocurre porque allí donde dirigimos nuestra atención, allí va nuestra energía.

El cuerpo y la mente están conectados. Así que si queremos calmar la mente tenemos que cuidar de nuestro cuerpo. Es más fácil concentrarse y dirigir la atención cuando dormimos lo suficiente, hacemos ejercicio e ingerimos alimentos que nos fortalecen en lugar de los que nos resultan pesados (como los que tienen demasiado aceite o grasa) o nos ponen nerviosos (los que llevan demasiada sal o el café).

Otro modo de equilibrar el chakra de la coronilla es reservando un espacio de tiempo para la meditación y la comunicación con Dios. Dedica tiempo a estudiar tus pasajes sagrados predilectos u obras que te inspiren. Concédete tiempo para recibir las revelaciones que Dios desea darte personalmente. Pasa tiempo solo.

En ocasiones nos llenamos el día con tantas actividades que se nos olvida escuchar la palabra interior de sabiduría. Cuando repases las ocupaciones previstas para la semana, marca como prioridad en el horario algo de tiempo para ti antes de que se llene la agenda.

Una vez estaba hablando con una persona sobre la fecha para convocar una reunión. Me dijo: «Más vale que lo anotemos en nuestra agenda ahora mismo, aunque falten tres semanas, porque se me llenan las horas muy rápido». Entonces me echó una mirada y señaló: «Hago lo mismo con mi esposa». Pasó un par de páginas de la agenda hasta dos meses después y comentó: «Fíjate, me voy a reunir con ella el día veinte a las ocho de la noche. Insistió en concertar una cita conmigo para asegurarse de que le podría dedicar un rato a fin de hablar con ella dentro de los dos meses siguientes».

Así es como funciona nuestra sociedad hoy día. Todo va tan deprisa que nos hace falta reservar un espacio de tiempo para las personas especiales que hay en nuestra vida. Pues bien, dos de ellas son Dios y tú mismo.

A veces estamos deprimidos o de mal humor porque no pasamos suficiente tiempo alejados del mundanal ruido. Cuando no permitimos al alma seguir su inclinación natural hacia la unión con Dios, el anhelo por esa unión se convierte en una soledad que ni siquiera las mejores relaciones humanas pueden satisfacer.

En 1953 y 1954 Thomas Merton pudo dedicar ciertos momentos especiales a la soledad y a la meditación, y puso por escrito sus pensamientos sobre la soledad y la vida contemplativa. Descubrió que no tenemos que ser perfectos para que Dios comparta con nosotros Su sabiduría. «Solo la soledad —escribió Merton— me ha enseñado que no tengo que ser un dios o un ángel para agradarte a Ti [Dios], que no tengo que convertirme en una inteligencia pura sin sentimiento o sin imperfección humana antes de que Tú escuches mi voz. No estás a la espera de que yo me engrandezca para estar conmigo, oírme y responderme»[4]. Estas son las suaves revelaciones y descubrimientos que podrás experimentar si dedicas tiempo a estar a solas con Dios.

Mas no te apresures en todo momento a compartir tus experiencias más íntimas y espirituales con los demás. «Dios no cuenta sus más puros secretos a alguien que esté listo para revelarlos», advirtió Merton. «Guarda secretos que sí cuenta a quienes comunicarán algo de ellos a los demás. Pero estos secretos son propiedad común de muchos. Tiene otros que no se pueden explicar. El mero deseo de revelarlos nos hace ser incapaces de recibirlos»[5].

Existen determinadas experiencias espirituales que son sagradas y no necesitan compartirse con otras personas. Mark Prophet comentó en cierta ocasión: «Creo que uno de los mayores errores que la gente comete es contar a su vecino, a sus amigos o a su pareja algunas vivencias espirituales que le han acontecido. Muchas veces tus compañeros te dirán: "¡Oh, es maravilloso! ¡Qué bonito!". A continuación, se darán la vuelta y exclamarán: "Vaya, creo que ya chochea un poco…"».

¿Paso suficiente tiempo solo?

Durante el día, ¿trato conscientemente de aminorar el paso, aquietar la mente y armonizarme con mi mente superior?

Acepto la unidad que subyace en la diversidad

En el nivel del chakra de la coronilla, el loto de mil pétalos nos inicia en la sabiduría y la comprensión más elevadas: el conocimiento de que no existen dos, sino uno.

No hay dos: tú y yo. No hay dos: Dios y tú. Solo hay uno: solo existe Dios. Solo existe el Espíritu. Solo existe el Yo, con una Y mayúscula. El resto es ilusión.

Este es el misterio que los místicos y los adeptos han descubierto. Tal vez lo sepamos desde una perspectiva intelectual, pero hasta que no lo entendamos con todo nuestro corazón, alma y mente, todavía estaremos viviendo con una sensación de dualidad, es decir, de dos, no uno. En tanto operemos desde una perspectiva de dualidad, no nos habremos integrado con las energías más elevadas del chakra de la coronilla.

Rumi expresó esta verdad en una sencilla parábola sobre el ego humano, el cual tiene dificultades a la hora de identificarse con el Yo verdadero y con Dios. Esta es la historia:

En una ocasión alguien llamó a la puerta de su Amigo. «¿Quién anda?», preguntó el Amigo. «Soy yo», replicó el primero. Pero aquel le pidió que se fuera porque no había lugar para *carne cruda* en su mesa.

Un año después la persona regresó —completamente *cocida*— y llamó de nuevo. «¿Quién anda?», preguntó el amigo. «Tú», fue la respuesta esta vez. El Amigo abrió la puerta, explicó que solo había espacio para uno en su casa, y luego le invitó a entrar.

En vez de estar tan absorbido por todo el mundo, sé todo el mundo.

—RUMI

Cuando entendemos que no hay dos sino uno, Dios compartirá todo lo que Él es con nosotros, porque nosotros habremos compartido todo lo que somos con Él.

Uno de los textos más antiguos donde se plasma esta verdad mística es el de los Upanishads, las antiguas escrituras hindúes. En una conversación que mantienen el joven Nachiketas y la Muerte, esta le promete tres regalos. En primer lugar el joven le pide reconciliarse con su padre. El segundo regalo que pide es el fuego que conduce al cielo. Como tercero, solicita que le explique qué le ocurre a un hombre después de morir.

En el transcurso de la conversación, la Muerte revela poco a poco el secreto de la inmortalidad. Explica: «Algunos no han oído hablar del Ser, otros sí han oído pero no pueden encontrarlo... La lógica no acerca al hombre al Ser... Este Poder ilimitado fuente de todo poder, que se manifiesta en la vida, entrando en cada corazón, viviendo allí entre los elementos, ese es el Ser... Dile a la mente que no existe sino el Uno».

La Muerte prosigue explicando a Nachiketas que no debería buscar a ese «Ser» fuera de sí mismo. Este Espíritu que habita en el interior, afirma la Muerte, «es esa Persona más grande que un dedo pulgar, que arde como una llama sin humo, que construye el pasado y el futuro». Este Ser tan íntimo, le revela, es Dios, el que «vive en el corazón»[6].

Al Espíritu que mora dentro de nosotros se le ha descrito en muchas religiones. En la hindú, el Upanishad Katha también se refiere a la «luz del Espíritu» que se esconde en el «alto lugar sagrado del corazón» de todos los seres. Los budistas hablan del «germen de budeidad» que existe en cada ser vivo. El teólogo y místico cristiano Meister Eckhart enseñó que «la semilla de Dios está en nuestro interior». Hay una parte de nosotros, escribió, que «permanece eternamente en el Espíritu y es divina… En ella Dios brilla y arde sin cesar».

Cuando empecemos a identificarnos menos con el hombre externo, con el ego, y más con esa *persona* que vive en el corazón —aquella que arde «como llama sin humo»— entonces, y solo entonces, estaremos en camino de conseguir el pleno florecimiento de nuestro chakra de la coronilla.

En cuanto las energías de nuestra coronilla se aceleren y equilibren más, seremos capaces de mantener un sentimiento duradero de unidad con el Espíritu mientras caminemos por la Tierra. Y también reconoceremos ese Espíritu en los demás.

Cuando las energías de la coronilla no están equilibradas, no somos capaces de conservar la percepción del Espíritu interior que constituye nuestra esencia. O, en el extremo contrario, tal vez permitamos que nuestras experiencias espirituales «se nos suban a la cabeza» al estar convencidos de que somos mejores que otros. Quizá nos regocijemos de nuestra dicha espiritual en nuestra torre espiritual de marfil, y nunca bajemos a la tierra. Sin embargo, este no es el sendero del chakra de la coronilla. La iniciación de la coronilla exige que abandonemos nuestro orgullo, nuestro ego, nuestro aislamiento, de modo que encontremos la manera de hacer que nuestra espiritualidad sea práctica y abarque a todos.

La característica negativa de la vibración del orgullo crea a niveles energéticos una corona oscura alrededor de la cabeza, en lugar de la brillante corona amarilla de los iluminados. Esta energía oscura puede privarnos de nuestro contacto con la mente superior, dificultando todavía más la recepción de los impulsos de lo divino por medio del chakra de la coronilla.

[El yogui] se ve en el corazón de todos los seres y ve a todos los seres en su corazón.

—BHAGAVAD GITA

La catarsis que afrontamos al nivel del chakra de la coronilla exige asimismo que valoremos a los demás y aprendamos de todos. Uno de los sellos distintivos de la nueva espiritualidad emergente de nuestra época es apreciar la diversidad. A medida que vamos avanzando hacia el futuro, podemos aprender mucho de un eminente personaje del pasado: Akbar el Grande, emperador mogol del siglo XVI.

Akbar fue un genio militar y sabio gobernante, el mayor de su tiempo. Mas, por encima de todo, su ardiente deseo era reconciliar la diversidad de credos religiosos que se presentaban ante sus ojos: cristiano, musulmán, hindú, zoroástrico y judío. Fue el primer monarca de la época medieval que reconoció la existencia de la verdad en todas las religiones. ¿Cuántas personas en el mundo, hoy día, lo admiten?

Akbar vio la semilla de la verdad en todas las religiones. A resultas de ello creó su propia religión monoteísta, unitaria, denominada Fe Divina. Su objetivo era generar la unidad en medio de la diversidad. Tras estudiar los senderos místicos de las religiones del mundo, he llegado a la conclusión de que son mucho más parecidas que diferentes. Y eso mismo sucede con tantas cosas en la vida. De ahí que podamos disfrutar de la diversidad —e incluso sacarle partido— al tiempo que buscamos la unidad subyacente.

- *¿Respeto la diversidad e intento aprender de ella?*

- *¿Procuro encontrar el vínculo que me una a los demás o por el contrario persisto en las diferencias?*

TÉCNICAS ESPIRITUALES

*Afirmaciones para activar el chakra
de la coronilla*

A través del chakra de la coronilla recibimos los pensamientos creativos de Dios y de nuestro Yo Superior. Las afirmaciones que leerás a continuación pueden ayudarte a despejar las facultades físicas y espirituales de la mente y además, a fortalecer tus facultades intuitivas y desarrollar una más fina percepción de las dimensiones espirituales.

Cuando hagas las afirmaciones visualiza la llama violeta despejando de tu mente todos los bloqueos mentales, imágenes negativas y conceptos limitativos sobre ti mismo o los demás. Ve tu mente llenándose de la brillante luz dorada de la coronilla.

Meditaciones del chakra
de la coronilla

Oh llama de luz brillante y dorada,
oh llama tan maravillosa de contemplar,
YO SOY el que brilla en toda célula del cerebro,
YO SOY el que todo lo adivina en la luz
  de la sabiduría.
Fuente de Iluminación que fluye incesantemente
YO SOY, YO SOY, YO SOY Iluminación.

———

YO SOY luz, tú, Cristo en mí,
libera mi mente ahora y por siempre;
fuego violeta brilla aquí,
entra en lo profundo de esta mi mente.

Dios, que me das el pan de cada día,
con fuego violeta mi cabeza llena.
Que tu bello resplandor celestial
haga de mi mente una mente de luz.

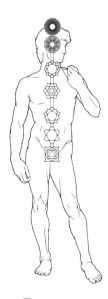

Sella tus chakras

Cuando la vitalidad se transfiere a los ojos, la visión es clara; cuando está en los oídos, la audición es aguda. Cuando está en la boca, el habla es precisa; y cuando se acumula en la mente, el pensamiento es perspicaz.

—HUAI-NAN-TZU

Los centros de energía (los chakras) son los órganos espirituales que rigen el flujo de la energía en tu interior, hecho que afecta a tu vitalidad, tu concepto de la vida y tu crecimiento espiritual. El flujo perpetuo de energía que circula cual río de luz por tus chakras te mantendrá el cuerpo, la mente y el espíritu positivos. La falta de energía fluyendo, al igual que el aire encerrado en una habitación mal ventilada, puede ocasionar estancamiento, depresión e incluso enfermedades.

A veces, aunque no nos demos cuenta, no logramos retener la energía. Cuando ello ocurre, puede que nos sintamos agotados y perdamos el entusiasmo por vivir. Son muchas las maneras en que ello se produce en los chakras. Como ya he mencionado, podemos perder la energía si la alimentamos con cosas negativas, por ejemplo, con conceptos negativos sobre nosotros o los demás, con ira, nerviosismo, chismorreo, charla excesiva, odio o celos.

También sentimos una pérdida de energía cuando nos rodeamos de un ambiente espiritual poco saludable. Por ejemplo, cuando interactuamos con alguien que esté triste, empezamos a sentirnos tristes nosotros. El simple hecho de hallarnos entre una multitud o en un centro comercial puede hacernos sentir exhaustos o malhumorados. Ello sucede porque lo que tiene una vibración inferior a la nuestra absorberá nuestra energía —como la tierra seca absorbe el agua— a menos que estemos protegidos.

Tan pronto como sientas que algo o alguien te saca la energía, debes acudir a tu caja de herramientas espirituales. La afirmación del «Tubo de Luz» y la «Meditación para sellar los chakras», en las siguientes páginas, pueden ayudarte a restablecer el equilibrio y conectarte con tu amoroso Yo Superior.

Tu anatomía espiritual

Cada uno de nosotros establece contacto personal con Dios por medio del Yo Superior. La gráfica de tu Yo Divino de la página 199 nos ayuda a entender esta relación. Es un dibujo de tu anatomía espiritual y tu potencial para convertirte en quien realmente eres. El autor Dannion Brinkley, quien ha vivido tres experiencias cercanas a la muerte, afirma que «esa es la apariencia que tienes, desde la perspectiva de los reinos espirituales».

La figura superior de la gráfica es la Presencia YO SOY, la Presencia personal de Dios individualizada para cada uno de nosotros. Los budistas la llaman Darmakaya, esto es, el cuerpo de la Realidad esencial.

La figura del medio representa tu Yo Superior, es decir, tu sabio maestro interior, ángel de la guarda principal y amigo más íntimo. Algunas personas lo llaman «el Cristo interno» o «el Buda interno». Cada uno de nosotros está destinado a ser, aquí en la Tierra, el reflejo de nuestro Yo Superior manifestando el pleno potencial de nuestra naturaleza espiritual.

El rayo de luz que desciende del corazón de la Presencia YO SOY a la figura inferior es el cordón cristalino, es decir, el cordón umbilical que te conecta a tu Fuente espiritual y nutre tus centros de energía. La figura inferior, que te representa a ti en el sendero espiritual, se halla envuelta en la energía espiritual purificadora de la llama violeta y el protector tubo de luz blanco, los cuales puedes invocar durante tus ejercicios espirituales.

YO SOY *luz por dentro, por fuera;*
YO SOY *luz por todas partes.*
¡Lléname, libérame, glorifícame!
¡Séllame, sáname, purifícame!

La luz blanca

Los santos y místicos han visto y sentido la luz blanca en sus oraciones y meditaciones. Los israelitas, por ejemplo, experimentaron el tubo de luz como una «columna de una nube» de día y «una columna de fuego» de noche mientras viajaban por el desierto. Y Dios prometió por medio del profeta Zacarías: «Yo seré para ella [Jerusalén] muro de fuego en derredor, y para gloria estaré en medio de ella».

La luz blanca puede ayudarte a permanecer centrado y en paz. Te protege de energías negativas que tal vez se hayan dirigido contra ti a través de la ira, la condenación, el odio o los celos de alguien. Cuando te rodea y te llena un potente campo energético de luz, esta rechazará y repelerá la negatividad. Cuando estás desprotegido, esas energías agresivas pueden causarte irritabilidad o depresión. O incluso pueden provocarte accidentes.

TÉCNICAS ESPIRITUALES

Meditación sobre la luz blanca

Puedes atraer la protectora luz blanca por medio de la afirmación del «Tubo de Luz». Este tubo es un escudo de energía que desciende desde Dios, por tu Yo Superior, en respuesta a tu llamado.

Es mejor hacer la afirmación del «Tubo de Luz» cada mañana antes de que empiece el ajetreo del día. Si en el transcurso de la jornada te sientes sin energía, agotado o vulnerable, retírate durante unos minutos y repite esta afirmación.

Visualización:

Al recitar la afirmación del «Tubo de Luz», visualiza una resplandeciente luz blanca, más brillante que el sol reflejado sobre la nieve recién caída, descendiendo desde Dios. Obsérvala fundiéndose hasta formar en torno a ti un muro impenetrable de luz de unos nueve pies (tres metros) de diámetro, que te protege de toda negatividad.

Visualízate dentro de este centelleante cilindro

de luz, envuelto en la llama violeta. De vez en cuando, a lo largo del día, puedes reforzar esta protección espiritual visualizando la luz blanca a tu alrededor y repitiendo la afirmación.

Tubo de Luz

Amada y radiante Presencia YO SOY,
séllame ahora en tu tubo de luz
de llama brillante maestra ascendida
ahora invocada en el nombre de Dios.
Que mantenga libre mi templo aquí
de toda discordia enviada a mí.

YO SOY quien invoca el fuego violeta
para que arda y transmute todo deseo,
persistiendo en nombre de la libertad
hasta que yo me una a la llama violeta.

Repite esta afirmación tantas veces como quieras y luego haz la «meditación para sellar los chakras» a fin de preservar tus centros de energía y que no absorban desequilibradas que te puedan invadir en el transcurso del día.

Gráfica de tu Yo Divino

Meditación para sellar los chakras

Puedes repetirla durante el día siempre que sientas la necesidad de energizar o sellar tus centros. A medida que vayas practicando la meditación, irás desarrollando una sensibilidad en los siete chakras y en el centro de las palmas de la mano. Aunque los chakras están situados a lo largo de la columna vertebral, para realizar este ejercicio colocarás siempre la mano derecha en la posición correspondiente por delante del cuerpo.

Chakra del corazón

1. Coloca la mano izquierda encima del chakra del corazón, en el centro del pecho. (Mantén ahí la mano mientras dure la meditación). Pon la mano derecha sobre la izquierda.

Visualiza un disco de fuego blanco en tu corazón y tu mano derecha extrayendo esa luz blanca, la cual utilizarás para nutrir cada chakra.

Siente cómo se intensifica el fuego espiritual en tu chakra del corazón y el cálido amor que hay en él.

204

Chakra de la coronilla

2.   Deja la mano izquierda encima del chakra del corazón y coloca la derecha sobre la cabeza, de tres a cinco centímetros por encima de la coronilla. Estás sacando energía del chakra del corazón con la mano izquierda y con la derecha la estás llevando al de la coronilla. Cierra los ojos y visualiza ese disco de fuego blanco de la energía de Dios infundiendo, estimulando y equilibrando el chakra de la coronilla. Ve y siente la conexión de luz a medida que esta va fluyendo por tu palma derecha hacia tu dorado chakra de la coronilla de mil pétalos. Para activar el flujo de luz, rota ligeramente la mano derecha en el sentido de las agujas del reloj.

Chakra del tercer ojo

3.   Cuando sientas que has establecido contacto con la intensidad de la luz que avanza hacia tu chakra de la coronilla, desplaza la mano derecha a unos tres centímetros por delante del chakra del tercer ojo, entre las cejas.

Visualiza el disco de fuego blanco en la mano derecha, girando por encima del tercer ojo. Rota la mano derecha en el sentido de las agujas del reloj sobre el chakra del tercer ojo. Observa este chakra de 96 pétalos, de un intenso verde esmeralda, y siente la energía de la luz blanca activándote el tercer ojo.

Puedes practicarlo en espacios más cortos o largos de tiempo según quieras que dure la meditación. Si sientes dolor en el tercer ojo, sigue con el siguiente paso para no sobreestimular el chakra

Chakra de la garganta

4.   Cuando estés listo, lleva la mano derecha hasta tres centímetros por delante del chakra de la garganta, en la base del cuello. Visualiza el disco de fuego blanco resplandeciente activándote el chakra de la garganta a medida que rotas la mano derecha en la dirección de las manecillas del reloj. Ve y siente este chakra de dieciséis pétalos, de color azul intenso, mientras se carga de energía, se purifica, equilibra y cura.

Chakra del corazón

5.   Con la mano izquierda todavía en el centro del pecho, sobre el chakra del corazón, dirige la mano derecha a tres centímetros por encima del corazón. Siente la luz recargando ese chakra mientras rotas

la mano, así como la luz, intensificarse por los doce pétalos de este radiante chakra rosado. Respira profundamente varias veces.

Chakra del plexo solar

6.   Desplaza la mano a tres centímetros por encima del plexo solar, a la altura del ombligo. La luz ahora estimula este chakra morado y oro, de diez pétalos, conocido como «el lugar del sol».

Siente la luz blanca entrando en el chakra, estableciendo paz interior mientras rotas la mano derecha en la dirección de las agujas del reloj. Suelta todo lo que no sea paz en tu vida: fricciones, preocupaciones, problemas no resueltos. Otra vez, respira profundamente varias veces mientras dejas que la luz estabilice el plexo solar y le restituya su armonía original.

Chakra de la sede del alma

7. Lleva la mano derecha hasta tres centímetros por delante del chakra de la sede del alma, localizado entre el ombligo y la base de la columna. Ahí es donde reside tu alma hasta que no ha saldado su karma y avanzado al nivel del corazón. Tu alma es sensible, intuitiva, frágil. Es tu niño interno.

Visualiza el brillante disco blanco encima de tu chakra del alma, con seis pétalos, de color violeta. Mientras la luz continúa impregnándolo, ve cómo abraza a tu niño interior calmándolo, consolándolo y fortaleciéndolo. Rota la mano derecha en la dirección de las manecillas del reloj para intensificar la acción de la luz.

Chakra de la base de la columna

8. Desplaza la mano derecha hasta tres centímetros por delante del chakra de la base de la columna.

209

Rota la mano derecha frente a este centro de color blanco, de cuatro pétalos, para sellar, estimular y equilibrar sus energías.

De la base a la coronilla

9.   Mantén la mano izquierda encima del chakra del corazón y, despacio, ve subiendo la derecha por la línea de los chakras desde la base hasta la coronilla. Detente en cada chakra hasta que sientas equilibrio en ese nivel. Cada uno es una estación donde procesas luz.

Puedes repetir este paso tres o cuatro veces. Empieza siempre por la base, sintiendo que estás sellando y elevando la luz. Puede serte de ayuda respirar profundamente.

Retorno al corazón

10. Para terminar el ejercicio, lleva de nuevo la mano derecha al chakra del corazón, colocándola encima de la izquierda. Entona la sílaba sagrada *Om* para sellar esta meditación.

Aproximación holística a la curación

La salud es el principio vital de la dicha.
—JAMES THOMSON

La curación no es algo que nos sobreviene. Es algo que sucede dentro de nosotros. Comienza con la comprensión de cómo nuestra salud emocional y espiritual influye en nuestra vitalidad física, y viceversa. Actualmente muchas personas se pasan a las terapias alternativas o complementarias que poseen este enfoque holístico de la curación, las cuales en numerosos casos aplican técnicas antiguas a nuestras circunstancias modernas.

Unos seis hospitales en los Estados Unidos tienen departamentos o ambulatorios que ofrecen novedosos cuidados alternativos junto a tratamientos convencionales. Quizás el más conocido sea el Programa de Medicina Integradora de la Universidad de Arizona, dirigido por el gurú de la salud alternativa, el Dr. Andrew Weil, autor del «best seller» *Spontaneous Healing (Curación espontánea)*. Su programa ofrece una variedad de tratamientos alternativos enmarcados en un ambiente hospitalario, que incluyen curas a base de hierbas, acupuntura, terapia con vitaminas, masaje terapéutico y oración.

Las terapias holísticas promueven la curación íntegra de la persona —cuerpo, mente y espíritu— y están orientadas a estimular la capacidad natural que posee el cuerpo para curarse. A menudo nos ayudan a acceder al origen del problema en lugar de tratar únicamente los síntomas. Estas terapias se ocupan del flujo de energía y, de manera directa o indirecta, de los siete centros de energía que hay en el cuerpo.

En este apartado vamos a resumir algunas de las terapias más conocidas. Ten presente que el objetivo de estas no es sustituir los diagnósticos médicos tradicionales o los cuidados médicos adecuados cuando estos sean necesarios.

Homeopatía

Es un sistema de medicina desarrollado a finales del siglo XVIII y principios del XIX por el médico alemán Samuel Hahnemann. Alcanzó popularidad en los EE.UU. en las décadas posteriores a la Guerra Civil (entre 1861 y 1865). De hecho, en 1900 había veintidós escuelas de homeopatía y más de cien hospitales homeopáticos. Uno de cada cinco médicos era homeópata.

La práctica de la medicina homeopática disminuyó en cuanto la medicina moderna apareció en escena, pero a partir de 1980 ha resurgido el interés por este arte curativo en los Estados Unidos. Varios países europeos utilizan la homeopatía como sistema integrado a la salud pública.

Homeopatía se deriva de las palabras que en griego significan «similar» y «sufrimiento», y se basa en el principio de «la ley de los semejantes», que figura en textos chinos e indios escritos hace cinco mil años, a los que hicieron referencia Hipócrates y Paracelso. La ley de los semejantes determina que una cosa cura lo que es semejante a ella. Aplicado a la homeopatía, significa que una sustancia que provocará ciertos síntomas a una persona sana puede curar esos mismos síntomas en una persona enferma si se le administra en dosis muy pequeñas. Es el mismo principio que se utiliza en el tratamiento de alergias con diminutas dosis de un alérgeno, al que se incluyen pequeñas dosis de virus o bacterias en inmunizaciones para hacer que el sistema inmunológico eche a andar.

Más de dos mil remedios homeopáticos se han creado a partir de sustancias naturales procedentes de los reinos vegetal, mineral y animal. Su elaboración y venta están reguladas por la *Food and Drug Administration**. A diferencia de la medicina convencional, los remedios homeopáticos no intentan tratar o suprimir los síntomas, sino que van a la raíz del problema y estimulan al cuerpo para que se cure a sí mismo.

Al reconocer que los desequilibrios mentales y emocionales se reflejan en nuestro estado físico, la homeopatía va dirigida no solo a curar problemas físicos, sino también los síntomas emocionales y mentales que los acompañan. Asimismo, la homeopatía funciona a partir de la premisa de que cada persona es única y existe un remedio especial para

---

* «Food and Drug Administration»: organismo gubernamental de los Estados Unidos para el control y la regulación de fármacos y alimentos.

cada circunstancia. Al diagnosticar un problema, el homeópata hará preguntas sobre el estado mental, emocional y físico del paciente con el propósito de obtener un «cuadro de síntomas». El remedio correcto que corresponda a esa sintomatología hará que el cuerpo responda y se equilibre a sí mismo.

Joyce Waid, homeópata con más de veinticinco años de experiencia, afirma que a medida que vamos trabajando con los remedios homeopáticos, pueden irse despegando capas de desequilibrio. «En el mejor de los casos profundizamos cada vez más, y despejamos más las dudas», explica. «La homeopatía puede ayudarnos a abrirnos paso y desbloquear las energías que podrían interferir en el funcionamiento de nuestros chakras y evitar que expresemos nuestro pleno potencial».

Puesto que los remedios funcionan ininterrumpidamente, señala, pueden tratarse enfermedades derivadas de experiencias de la infancia y debilidades heredadas, comunes en nuestras familias. «La meta es dejar atrás las tendencias que no nos dejan avanzar —explica— y expresar cada vez más aquello que somos».

Los remedios homeopáticos no son caros y en la mayoría de los casos pueden emplearse junto con los tratamientos médicos normales. Existen abundantes libros y programas informáticos de los que puede servirse uno mismo; aunque también puedes visitar a un homeópata con experiencia para que te prescriba un programa completo que satisfaga tus necesidades.

Terapia nutricional y a base de vitaminas

«Una manzana al día nos mantiene alejados del médico»* tal vez fuese cierto en el siglo XIX, pero no hoy. Desde que se cosechan los alimentos hasta que llegan a nuestro plato pueden haber perdido entre la mitad y tres cuartas partes de sus nutrientes.

Cincuenta años atrás, por ejemplo, cien gramos de espinacas contenían 158 mg. de hierro. Actualmente, la misma cantidad tiene 2,2 mg. de hierro. Las causas varían: desde un suelo de baja calidad en nutrientes y contaminación medioambiental hasta la pérdida de nutrientes por desecación, almacenamiento, hidrogenación, ultrafiltración e irradiación. Además, hay que añadir a estos

*Popular refrán en inglés.

216

factores el estrés —en forma de presión emocional, excesivo trabajo físico y falta de sueño— que prácticamente devora nuestra reserva de vitaminas y minerales.

A la vista de este tipo de estadísticas, muchos profesionales de la salud han llegado a la conclusión de que la alimentación que en promedio se toma en los Estados Unidos no suministra los nutrientes necesarios para gozar de buena salud, de modo que muchos de nosotros precisamos un refuerzo nutricional. De todas formas, la buena salud basada en la nutrición no consiste solo en lo que comemos o dejamos de comer. Se relaciona con la eliminación y con la manera en que mente, cuerpo y espíritu colaboran entre sí.

Cuando nos miramos al espejo y detectamos problemas, lo que vemos es el reflejo externo de desequilibrios internos —afirma la autora de libros superventas, nutricionista y especialista Ann Louise Gittleman—; causados no solo por falta de buenos nutrientes, sino también por sobrecarga tóxica y obstrucción mental, emocional o espiritual. «Ahora más que nunca es fundamental deshacernos de esas toxinas y ocuparnos de nuestra salud física, de manera que nuestra vida espiritual pueda rebosar de salud», apunta Gittleman. «Nutrición correcta, limpieza interna y armonía hormonal son las vías que conducen a lograr belleza y vitalidad de forma natural»[1].

Los siete pilares que nos ayudan a tener belleza y equilibrio, según ella, son: 1) un organismo limpio, 2) agua purificada, 3) proteínas de buena calidad (carnes magras y pescado rico en ácidos grasos omega-3, como el salmón y la trucha, por ejemplo), 4) aceites embellecedores, 5) frutas y verduras que proporcionen energía y refuercen el sistema inmunológico (frescas, de cultivo ecológico u orgánicas y sin almidón), 6) equilibrio hormonal y 7) vitaminas revitalizantes, minerales y antioxidantes.

A juicio de Gittleman, eliminar toxinas no significa ayunar o comer alimentos de los que nunca antes has oído hablar. De hecho, las investigaciones demuestran que la desintoxicación requiere de apoyo nutricional para que el hígado pueda trabajar. Este es el órgano que desintoxica y filtra todo lo que ingieres, y es clave para gozar de buena salud. Cualquier cosa, desde alimentos muy refinados y conservantes hasta la cafeína, el alcohol, los humos de la contaminación, el que absorben los fumadores pasivos y la píldora anticonceptiva, pueden impedir al hígado hacer su trabajo.

Un hígado perezoso puede hacer pagar un precio alto en otros ámbitos de la vida. «La ira o depresión prolongadas o no resueltas —delatadores emocionales de un hígado enfermo— impiden que la energía del cuerpo fluya como debería», señala Gittleman.[2] Ello puede derivar en una diversidad de síntomas secundarios tales como uñas quebradizas, cambios repentinos de humor, desequilibrios hormonales, ansiedad, poca claridad mental, síntomas prematuros de menopausia, sofocos y problemas digestivos.

Además de las siete claves para una buena salud antes mencionadas, Gittleman sugiere contribuir al buen funcionamiento del hígado y de todos los sistemas de nuestro cuerpo comiendo los alimentos propios de la estación, concepto que tiene su fundamento en la medicina tradicional china.[3] Asimismo, hace hincapié en que ciertos tipos de grasa son determinantes para nuestra salud y para el proceso de limpieza, ya que atraen los tóxicos solubles a la grasa alojados en los tejidos adiposos del cuerpo y los transportan fuera del sistema para su eliminación. Una cucharadita diaria de aceite de linaza, la fuente más rica de ácidos grasos omega-3 que hay en el mundo, te ahorrará mucho dinero, comenta Gittleman.

También subraya la importancia del complejo de vitamina B para calmar los nervios y evitar la apariencia de agotamiento, zinc para calmar la ansiedad, promover la cicatrización de las heridas y fortalecer el cabello, vitamina D para la absorción de calcio y fortalecimiento de los huesos, y el magnesio para promover la tranquilidad. Por último, y también muy importante, concluye Gittleman, «tenemos que ser consumidores informados y educarnos a nosotros mismos».

Algunas escuelas de curación nos alientan a comer lo propio de donde vivamos. La doctora naturópata Elisabeth Kirchop, por ejemplo, sugiere: «Pregúntate a ti mismo: ¿este alimento se cultiva donde yo vivo? Cuanto más consumas alimentos con una energía similar al lugar donde vives, porque también se cultiva allí, más fortaleza física, espiritual y emocional adquirirás».

¿Cómo influye nuestro estado físico en los centros de energía? «No puedes retener la luz si tienes muchas toxinas», sostiene Gittleman. Los años de consulta, paciente tras paciente, le han demostrado que cuando las personas se encuentran en el proceso de eliminar toxinas, también empiezan a limpiar otros aspectos de su vida. «Cuando están ligeros físicamente, están mucho más dispuestos a ocuparse de las emociones incómodas o tóxicas que han estado reprimiendo. Las palabras que no se han dicho antes, ahora se pueden decir», explica. «La limpieza física interior es una medida práctica y fundamental para obtener claridad espiritual».

Acupuntura

Practicada antiguamente en la China, constituye uno de los tratamientos alternativos para la salud más populares hoy en día. La Organización Mundial de la Salud establece que este método es válido para tratar más de cuarenta dolencias. Según la medicina tradicional china, la salud y la vitalidad se consiguen cuando hay un abundante flujo de energía circulando por los meridianos del cuerpo. Estos son los caminos por los cuales nuestra energía vital (qi o chi) recorre los órganos y todo el cuerpo.

El acupunturista introduce agujas muy finas en diferentes puntos a lo largo de los meridianos a fin de aumentar o disminuir el flujo de energía a órganos que pudieran sufrir debilidad, devolviendo con ello el equilibrio al cuerpo. Como complemento a su labor curativa, los acupunturistas también pueden valerse de hierbas y otros tratamientos.

La acupuntura contempla el cuerpo, las emociones y el espíritu con el propósito de obtener el panorama completo de lo que se necesita para la curación. «Cuando nuestras emociones están desequilibradas —afirma la acupunturista Saskia Peck— también hay un desequilibrio en el cuerpo, y viceversa, porque lo físico y lo emocional no pueden separarse. Si se restablece el equilibrio energético del cuerpo, también se restablecerá el equilibrio emocional».

> *Poner en orden tu naturaleza es como afinar un instrumento de cuerda.*
>
> —WANG CHE

Como sucede con cualquier otra técnica de curación, tenemos que hacer ajustes en nuestra vida si queremos que el equilibrio que aporta la acupuntura sea permanente. «Cuando padeces mucho estrés, tienes que afrontar la vida de manera diferente si no quieres crear el mismo patrón», advierte Peck. «Puede que te haga falta adaptar tu alimentación para que no genere desequilibrios en tu cuerpo. Tal vez necesites meditar para estar más en paz. Quizá tengas que cambiar tus respuestas emocionales a las circunstancias de tu vida».

Mantener una dieta equilibrada, hacer ejercicio y crear un estilo de vida equilibrado son maneras de contribuir al bienestar. «Allí donde hay armonía, la energía puede fluir libremente», afirma Peck. «Cuando estás centrado, en paz y tu cuerpo está fuerte, tus órganos y centros de energía también tendrán vigor y disfrutarás de bienestar físico, emocional y espiritual».

Cuando busques un acupunturista, mira que esté certificado (en EE.UU., por la National Certification Commission for Acupuncture and Oriental Medicine).

Hierbas medicinales

Desde tiempos inmemoriales se han venido utilizando las hierbas para curar el cuerpo, aclarar la mente y tranquilizar el alma. El indio norteamericano Morning Dove (Paloma de la mañana) dijo una vez: «Todo lo que hay en la Tierra tiene un propósito; cada enfermedad, una hierba para curarla; y cada persona, una misión».

Las hierbas medicinales ayudan a fortalecer la capacidad innata que posee el cuerpo de curarse, gracias a la limpieza y a la mejora de nuestro *medio ambiente* interno. Los numerosos ingredientes contenidos en las hierbas funcionan de manera sinérgica y el cuerpo los metaboliza y utiliza más fácilmente.

«Así como curan el cuerpo, también pueden curar la mente y las emociones», afirma Kirchhof, quien lleva trabajando con hierbas casi treinta años. «Las hierbas pueden utilizarse para tonificar, limpiar y rejuvenecer los órganos asociados a los chakras. Cuando se eliminan cargas del cuerpo, los chakras experimentan mayor vitalidad».

Las hierbas pueden ingerirse (en tinturas, cápsulas o infusiones) y también pueden aplicarse externamente (en pomadas o cataplasmas). Todo el mundo tiene el potencial de beneficiarse de las hierbas medicinales estudiándolas uno mismo, si bien tal vez quieras buscar consejo profesional a fin de entender cómo los remedios a base de hierbas pueden complementar otras terapias que quizás estés siguiendo. Si afrontas una afección grave o duradera de salud, te conviene consultar a un profesional de la salud especializado en hierbas medicinales, como sería un herbolario o médico naturópata.

Flores de Bach y esencias florales

Las flores, al igual que las hierbas, tienen propiedades curativas. En la década de 1930, el Dr. Edward Bach, médico británico, bacteriólogo y patólogo, desarrolló un método medicinal vinculado con el poder curativo de las flores. Bach llegó a descubrir que la causa subyacente de la enfermedad era el desequilibrio emocional y que la curación era más satisfactoria si se planteaba desde la perspectiva de características distintas de la personalidad en lugar de sobre la base de la enfermedad determinada.

Sus treinta y ocho remedios de las flores de Bach, elaborados con flores silvestres y con las flores de arbustos y árboles silvestres, se toman en dosis muy pequeñas de líquido. Recetados según diferentes tendencias emocionales, estos remedios funcionan a niveles sutiles de nuestro ser. Nos ayudan a reconocer y resolver las causas internas de las enfermedades externas con el objetivo de propiciar curación interna y externa.

Según Bach, «la enfermedad es en esencia el resultado del conflicto entre el alma y la mente, y nunca se erradica excepto con esfuerzo espiritual y mental». Explicó que la enfermedad es la consecuencia de profundas fuerzas que han actuado largo tiempo y que aunque «un tratamiento material a solas tenga éxito en apariencia, ello no es más que un alivio temporal salvo que la causa real se haya eliminado».

Kirchhof prescribe los remedios de Bach cuando un paciente necesita ayuda en algún aspecto emocional negativo subyacente. «Si nos hemos metido en un bache mental o emocional y no sabemos cómo salir, los remedios de Bach pueden ayudarnos poco a poco a conseguirlo», nos explica. Gittleman llama a los remedios florales de Bach «psicoterapia embotellada». Una de las fórmulas de Bach más conocidas es el remedio para las emergencias, que se denomina *remedio de rescate*. «Este remedio nos ha permitido, a mí y a mis clientes, salir airosos de muchas situaciones estresantes —comenta Gittleman— incluidos accidentes de tráfico, intervenciones quirúrgicas, divorcios, declaraciones en los tribunales y cualesquiera situaciones cotidianas de ansiedad y nerviosismo»[4].

Muchas tiendas de productos naturales venden los remedios florales de Bach, entre los cuales puedes escoger aquel que se adecue a tus síntomas. Actualmente se están desarrollando nuevas fórmulas de esencias florales que ya están en el mercado.

Quiropraxis

El planteamiento quiropráctico de la salud consiste en tratar el sistema muscular y el esqueleto a fin de equilibrar la estructura y el sistema nervioso del cuerpo. Quiropraxis proviene de la palabra griega que significa «tratamiento efectivo con las manos». Los quiroprácticos ajustan los huesos y las articulaciones, sobre todo la columna, para realinear el cuerpo.

Este tipo de terapia parte de la premisa de que el mal funcionamiento del sistema nervioso puede producir enfermedades. Hay treinta y un pares de nervios espinales que salen de la columna y componen una intrincada red que afecta a cada tejido del cuerpo. Cuando la columna está alineada, los nervios funcionan correctamente.

La quiropraxis contempla asimismo el cuerpo como un organismo capaz de regularse y de curarse a sí mismo. Tanto la estructura como el estado del cuerpo influyen en el modo en que este puede expresar su potencial curativo.

El Dr. Merle Bouma, quien ha practicado la quiropraxia durante treinta y cinco años, explica que mientras que algunos profesionales de la salud trabajan a partir de un enfoque mental, emocional o espiritual para propiciar la curación física, «la quiropraxis emplea medios físicos con el fin de brindar apoyo a la salud espiritual, mental y emocional».

Comenta que el tratamiento del sistema esqueleto-muscular es solo el principio de la labor de un quiropráctico. «Cuando tratan a las personas —afirma Bouma— sus manos son en realidad instrumentos de la curación. La energía de las manos es fundamental en cuanto a iniciar una respuesta por parte de los receptores del sistema nervioso. Por medio de las manos contactas centros de energía y de reflejos que influyen y facilitan la integración de los sistemas del cuerpo».

Aromaterapia

Es un arte curativo que pretende mejorar la salud física y emocional utilizando aceites aromáticos esenciales extraídos del *laboratorio* de la naturaleza. Los aceites esenciales vienen de muy antiguo y se los menciona en las escrituras sagradas de muchas religiones.

Son aceites volátiles concentrados, que se han destilado de raíces, tallos, hojas, flores y otros elementos de la planta. Se pueden aplicar de distintas maneras, como masaje, baños, compresas e inhalación.

Cuando los aceites se propagan a través del aire por medio de un difusor, por ejemplo, el nervio olfativo transmite el aroma de la planta a zonas del cerebro capaces de estimular respuestas físicas, emocionales y mentales. Cuando se emplean en masajes o baños, los aceites, que la piel absorbe y luego recorren todo el cuerpo, pueden influir en este al cabo de veinte minutos.

En cuanto a sus numerosos efectos restauradores, los aceites esenciales se utilizan para relajar músculos, estimular la circulación, aliviar el dolor, aumentar la inmunidad, aliviar el estrés físico, emocional y mental, y combatir bacterias, infecciones y hongos. También se emplean para tratar la sensibilidad al medio ambiente a fin de neutralizar las toxinas que pueda haber en el aire o en el entorno, como por ejemplo en alfombras, paredes o techos.

Los profesionales de la salud, incluidos los médicos, están empezando a usar otros aceites para mejorar sus tratamientos. En Europa, donde se han hecho más investigaciones médicas que en los Estados Unidos sobre el uso de la aromaterapia, la utilización de esta técnica curativa es más común que en los Estados Unidos. Algunas farmacias europeas incluso venden aceites esenciales.

Al igual que otras modalidades de curación integral, la aromaterapia se dirige a cuerpo, mente y espíritu, y ayuda a fortalecer el cuerpo para que él mismo pueda curarse. Anna Maya Eisvang, maestra veterana en los campos de la salud natural y la aromaterapia, afirma que las investigaciones científicas han demostrado que los aceites esenciales poseen una alta frecuencia vibracional, que varía entre aproximadamente 50 mhz y 320 mhz. «Utilizar aceites esenciales contribuye a aumentar la frecuencia vibracional del cuerpo —explica— lo cual mejora el flujo natural de energía por los meridianos del cuerpo y los chakras e incrementa la inmunidad».

Se considera a estos aceites muy potentes ya que funcionan a nivel celular. «Los bloqueos físicos, emocionales y mentales pueden impedir el intercambio de nutrientes en las células y a la vez la liberación de las toxinas que hay en ellas», señala Eisvang. «Los aceites esenciales tienen propiedades que rejuvenecen a nivel celular».

Eisvang explica que los aceites esenciales no son lo mismo que los aceites de perfume de las fragancias, que pueden contener agentes químicos. Para que un aceite esencial tenga propiedades terapéuticas, tiene que haberse cultivado ecológicamente y cosechado y destilado con sumo cuidado. No puede separarse o diluirse con petroquímicos.

Una manera fácil de comenzar a usar los aceites esenciales, apunta Eisvang, es tomar un aceite terapéutico de grado A adecuado para tu situación, echar una gota en la mano, frotar las palmas y luego oler la fragancia. Los aceites pueden ejercer un poderoso efecto y sin embargo se evaporan rápidamente.

Yoga

El yoga se desarrolló en la India hace unos cinco mil años. La palabra *yoga* significa «unión» y su objetivo era la unión con lo divino y con el verdadero yo. Además de sus beneficios espirituales, miles de personas lo practican hoy día para relajarse, controlar el estrés, obtener claridad mental y mejorar el estado físico y la salud.

> *La energía es un deleite eterno.*
>
> —WILLIAM BLAKE

Las investigaciones han demostrado que el yoga puede ayudar a manejar o controlar la ansiedad y el estrés, el asma, el dolor de espalda, la presión sanguínea, el síndrome del túnel carpiano y otras dolencias o enfermedades. Hay muchos tipos de yoga, y suelen incluir ciertas posturas, ejercicios de respiración y meditación. El yoga puede aumentar la fuerza puesto que tonifica los músculos. Los ejercicios respiratorios que acompañan a ciertas formas de yoga facilitan que circule la fuerza vital universal (prana o energía) por el cuerpo, lo cual aumenta la salud y la vitalidad.

Masaje

Según Hipócrates, el padre de la medicina occidental, el masaje es una parte importante de cualquier régimen de salud. Aparte de sus efectos relajantes, las investigaciones científicas demuestran que tiene valor terapéutico y rehabilitador y puede ser útil en una gran variedad de dolencias.

El masaje ayuda a eliminar toxinas, alinear los huesos, músculos y ligamentos y a restablecer el movimiento de las articulaciones. Algunas formas de masaje también sirven para liberar bloqueos de energía a niveles profundos y estimular cambios emocionales e incluso espirituales. Además, como ocurre en otras técnicas espirituales, promueve la buena salud al estimular la capacidad intrínseca del cuerpo de curarse.

El masaje está especialmente indicado para quienes tengan lesiones óseas o musculares, estén inactivos o sufran estrés. Este puede provocar que los vasos se contraigan, lo cual reduce la circulación. El masaje, a su vez, estimula el sistema nervioso e incrementa la circulación, fortaleciendo así la salud de nuestros músculos y órganos.

Además, el masaje mejora el flujo de la linfa,

lo cual elimina las bacterias de los tejidos. La linfa se desplaza principalmente por los vasos linfáticos cuando los músculos que los rodean se mueven y contraen, efectuando con ello un masaje. Cuando estamos inactivos, la linfa puede estancarse.

Existen diferentes tipos de masaje, de modo que deberías hablar con algún masajista para asegurarte de que ofrece el que tú necesitas.

Terapias de spa

Ya sea una breve sesión durante el día (balneario urbano) o una más prolongada estancia en un selecto spa lejos de casa, la experiencia en uno de estos lugares está convirtiéndose en una modalidad importante que muchos tienen en cuenta a la hora de plantearse los cuidados para la salud. Desde muy antiguo esta ha sido una terapia natural de curación. Actualmente los spas ofrecen una variedad de tratamientos, que incluyen masaje, faciales, pies y manos, *peeling* corporal, envolturas y terapias con agua.

Todos estos tratamientos constituyen una forma de mimarse. Sirven para eliminar el estrés, cargar las baterías y curar cuerpo, mente y alma. «Algunas terapias, como las de agua mineral y las de algas y barro, reponen los minerales que el estrés nos ha hecho perder», señala Mónica Tuma Brown, consultora para el desarrollo de spas y exdirectora de un spa especializado en hidroterapia.

Los tratamientos que ofrece un spa consisten en nutrirse desde fuera hacia dentro, apunta Brown. «Cuando comes una ensalada a base de productos ecológicos, estás nutriéndote por dentro. Ingieres mucho ácido fólico, magnesio, vitaminas y hierro», comenta. «Si tomas un baño mineral o de lodo, o una envoltura corporal de algas, la piel absorbe nutrientes. Es como si te envolvieras con una buena ensalada».

Brown añade que las terapias de agua se utilizan en aproximadamente un cuarto de spas en los Estados Unidos. La palabra *spa* se deriva de los términos latinos *sanitas per aquas*, que significa «salud por medio de agua», y las terapias de spa en su origen se basaban en el uso del agua.

Las terapias con agua que ofrecen los spas pueden influir en nuestra salud de tres formas, indica Brown. En primer lugar, el agua ejercerá un efecto distinto según sea lo que pongas en ella, ya sean aceites esenciales, avena, bicarbonato de sosa o lo que hay en los manantiales de agua mineral. En segundo lugar, el peso del cuerpo se desplaza en el agua, lo cual nos da mayor movilidad y facilita la curación. En tercer lugar, el agua fría y caliente producen efectos termales que relajan o estimulan. También se ha demostrado que la hidroterapia contribuye a un mejor funcionamiento de los sistemas circulatorio, digestivo, linfático y nervioso.

Actualmente los spas se están convirtiendo en un punto de encuentro para las terapias tradicionales y las alternativas, un lugar donde acudir a experimentar tratamientos holísticos para la salud. En la tercera planta del Spa Toppers (en Filadelfia), por ejemplo, el *Wellness Science Institute* (Instituto de Ciencias para el Bienestar) tiene empleados a una serie de profesionales que abarcan desde la medicina tradicional hasta la quiropraxis, la homeopatía, la acupuntura, la naturopatía y el yoga. Los empleados del spa y los doctores se recomiendan unos a otros cuando los visitantes los necesitan. Este enfoque holístico conforma una tendencia que se aplica también en otros spas. «Veremos cada vez más spas vinculados a clínicas y centros de bienestar que ofrecerán terapias médicas y naturales», pronostica Brown.

Tan importante como las terapias que ofrecen los spas es el «factor mimo», esto es, el hecho de dedicarnos un tiempo y reconocer la necesidad de nutrir el cuerpo y la mente. «Cuando te das permiso para sacar algo de tiempo de este enloquecido mundo —cuenta Brown— lo que sucede es que te transportas mental y físicamente. En los spas te encuentras con personas que disfrutan haciendo que los demás se sientan bien, lo cual no se contrapone a la industria del cuidado de la salud. Todo revierte a cuidar de la gente, a lograr un bienestar y una conexión holísticas».

Notas

La integración del cuerpo, la mente y el espíritu

1. En la tradición mística judía, el Árbol de la Vida se compone de diez *sefirot* o emanaciones divinas, acomodadas en siete niveles diferentes.

2. Estas son las posiciones de los siete centros de energía principales. En realidad existen 144 centros de energía en el cuerpo.

3. *Tao Te King*. Madrid: EDAF, 2001; capítulo 25, pág. 45.

Primer centro de energía: Base de la columna

Cita de epígrafe: Walker, Brian. *Hua Hu Ching: The Unknown Teachings of Lao Tzu (El Hua Hu Ching: Las enseñanzas desconocidas de Lao Tse)*. HarperSanFrancisco, 1992, n° 50, pág. 62.

1. Ramana Maharshi, citado en Stephen Mitchell, *The Gospel According to Jesus: A New Translation and Guide to His Essential Teachings for Believers and Unbelievers (El evangelio según Jesús: nueva traducción y guía de sus enseñanzas funda-*

mentales para creyentes y no creyentes). Nueva York: HarperCollins Publishers, HarperPerennial, 1991, pág. 47.

2. Moore, Thomas: *Care of the Soul: A Guide for Cultivating Depth and Sacredness in Everyday Life (Cuidado del alma: guia para cultivar la profundidad y lo sagrado en la vida diaria)*. Nueva York: HarperCollins Publishers, 1992, pág. 271.

3. Sri Aurobindo: «The Role of Money», en: *Parabola: The Magazine of Myth and Tradition* («El papel que desempeña el dinero», en: *Parábola: la revista del mito y la tradición)*, primavera 1991, págs. 10-11.

4. Vissell, Barry y Vissell, Joyce: *The Shared Heart: Relationship Initiations and Celebrations (El corazón compartido: Iniciaciones y celebraciones en las relaciones)*. Aptos, California: Ramira Publishing, 1984, págs 30-31.

5. Kahlil Gibrán: *The Prophet*. Nueva York: Alfred A. Knopf, 1923, págs 15-16.

Segundo centro de energía: La sede del alma

1. Matt, Daniel C. *The Essential Kabbalah: The Heart of Jewish Mysticism (La esencia de la cábala: El corazón del misticismo judío)*. HarperSanFrancisco, 1996, pág. 127.

2. *El Evangelio de Tomás*, dicho 2, en Ahav Xiuitl: *El evangelio de Tomás*, México: Berbera Editores, S.A. de C.V., 2003.

3. Véase «Quitarse la máscara», en: Mark L. Prophet y Elizabeth Clare Prophet: *Las enseñanzas perdidas de Jesús*, capítulo 1 (Porcia Ediciones, 2005).

4. Edinger, Edward F.: *Ego and Archetype: Individuation and the Religious Function of the Psyche (Ego y arquetipo: Individuación y la función religiosa de la psique)*. Boston: Shambhala Publications, 1972, pág. 103.

Tercer centro de energía: Plexo solar

1. *Karma* es una palabra sánscrita que significa acto, acción, palabra o hecho. El karma tanto positivo como negativo es el efecto de causas que hemos puesto en movimiento en el pasado, ya sea hace diez minutos o hace diez encarnaciones. El karma es la consecuencia de nuestros pensamientos, palabras y hechos.

2. Santiago 1:2-4.

3. Walker, *Hua Hu Ching*, capítulo 36, pág. 42.

4. Kornfield, Jack y Feldman, Christina, editores: *Soul Food: Stories to Nourish the Spirit and the Heart (Alimento para el alma: Historias para alimentar el espíritu y el corazón)*. HarperSanFrancisco, 1996, págs. 124-125.

Limpiar los centros de energía

Cita de epígrafe: Walker, *Hua Hu Ching*, n°. 45, pág. 55.

1. Para mayor información acerca de la llama violeta y de cómo aplicarla en tus prácticas espirituales, véase Elizabeth Clare Prophet: *Disuelve tus problemas: Llama violeta para curar cuerpo, mente y alma.* Porcia Ediciones, 3ª ed., 2011.

2. Fritjof Capra: *El Tao de la física.* Málaga: Editorial Sirio, 1995.

3. Las «Afirmaciones para los chakras» y otras oraciones y meditaciones de llama violeta están incluidas en *Disuelve tus problemas* (véase nota 1 de este apartado).

Cuarto centro de energía: El corazón

1. Barks, Coleman *et al.*: *The Essential Rumi (Lo esencial de Rumi).* HarperSanFrancisco, 1995, pág. 92.

2. Ibíd., pág. 109.

3. Childre, Doc; Martin, Howard, con Donna Beech: *The HeartMath Solution (La solución del HeartMath),* HarperSanFrancisco, 1999, págs. 37-38.

4. Cleary, Thomas, trad. y ed.: *Vitality, Energy, Spirit: A Taoist Sourcebook (Libro de consulta taoísta).* Boston: Shambhala Publications, 1991, pág. 233.

5. Merton, Thomas: *Thoughts in Solitude (Pensa-*

mientos en soledad). Boston: Shambhala Publications, Shambhala Pocket Classics, 1993, pág. 58.

6. Wing-tsit Chan, trad. *The Way of Lao Tzu (El camino de Lao Tse)*. Tao Te Ching. Indianapolis, Ind.: Bobbs-Merrill Company, 1963; capítulo 78, pág. 236.

7. Robert G. Hendricks, trad. *Lao Tzu: Te-Tao Ching*. Nueva York: Ballantine Books, 1989; capítulo 43, pág. 108.

8. Cheng Man-ch'ing. *Master Cheng's Thirteen Chapters on T'ai Chi Ch-üan*, trad. Douglas Wile. Brooklyn, Nueva York: Sweet Ch'i Press, 1982, pág. 7.

Quinto centro de energía: La garganta

1. Humphreys, ed.: *The Wisdom of Buddhism (La sabiduría del budismo)*. Londres: Curzon Press, 1987, págs. 67-68.

2. Leadbeater, C. W.: *The Masters and the Path (Los maestros y el sendero)*, 3ª ed. Adyar, Madras: Theosophical Publishing House, 1969, págs. 86, 87.

3. Ibíd., pág. 87.

4. Véase William J. Bennett, ed.: *The Book of Virtues: A Treasury of Great Moral Stories (El libro de las virtudes: un tesoro de grandes relatos morales)*. Nueva York: Simon & Schuster, 1993, págs. 74-78.

5. Lao Tse: *Tao Te Ching*, trad. Feng y English, capítulos 52, 56.

6. Humphreys: *The Wisdom of the Buddha (La sabiduría del Buda)*, pág. 68.

7. Ibíd., pág. 67.

8. Cleary, Thomas, trad.: *The Essential Confucius: The Heart of Confucius' Teachings in Authentic I Ching Order (Lo esencial de Confucio: el epicentro de las enseñanzas de Confucio en auténtico orden I Ching)*. HarperSanFrancisco, 1992, pág. 27.

9. Stephen R. Covey: *Los siete hábitos de la gente altamente efectiva*. Barcelona: Ediciones Paidós Ibérica, 1998; pág. 153.

10. Éxodo 3:13-15.

Sexto centro de energía: Tercer ojo

1. Djwal Kul: *Activar los chakras*. Porcia Ediciones, 3ª ed., 2006.

2. Matt: *The Essential Kabbalah (La Cábala esencial)*, pág. 116.

3. Hill, Napoleón: *Think and Grow Rich (Piense y hágase rico)*, edición revisada. Nueva York: Ballantine Books, Fawcett Crest Book, 1960, págs. 179, 181.

4. Véase Elizabeth Clare Prophet y Mark L. Prophet:

Atrae abundancia: Técnicas espirituales para aumentar tu prosperidad. Porcia Ediciones, 3ª reimpr., 2012.

5. Aung San Suu Kyi con Clements, Alan: *The Voice of Hope (La voz de la esperanza)*. Nueva York: Seven Stories Press, 1997, págs 52, 53.

6. Ibíd., pág. 114.

7. Ibíd., págs 157-58.

Séptimo centro de energía: La coronilla

1. Hill: *Think and Grow Rich (Piense y hágase rico)*, pág. 178.

2. Kornfield y Feldman: *Soul Food (Alimento para el alma)*, pág. 351.

3. Marion L. Matics, trad.: *Entering the Path of Enlightenment: The Bodhicaryavatara of the Buddhist Poet Santideva (Abrazar el sendero de la iluminación: el Bodicaryavatara del poeta budista Santideva)*. Londres: George Allen & Unwin, 1971, págs. 162, 163.

4. Merton: *Thoughts in Solitude (Pensamietos en la soledad)*, págs. 141-42.

5. Ibíd., pág. 136.

6. Upanishad Katha, citado en Bede Griffiths: *Universal Wisdom: A Journey through the Sacred Wisdom of the World (Sabiduría universal: viaje*

por la sabiduría sagrada del mundo). Londres: HarperCollins Publishers, Fount, 1994, págs. 57, 60, 62.

Aproximación holística a la curación

1. Gittleman, Ann Louise, entrevista, 16 de enero de 2000; y Gittleman, Ann Louise: *The Living Beauty Detox Program: The Revolutionary Diet for Each and Every Season of a Woman's Life (Progama de desintoxicación Living Beauty: la dieta revolucionaria para cada etspa de la vida de la mujer).* HarperSanFrancisco, 2000, pág. 2.

2. Ibíd., pág. 32.

3. Ibíd., págs. 49-107.

4. Ibíd., pág. 151.

OTROS TÍTULOS DE
SUMMIT UNIVERSITY PRESS ESPAÑOL®

LIBROS Y PRODUCTOS PUBLICADOS:

En busca del amor ideal

Almas compañeras y llamas gemelas

El aura humana

Saint Germain sobre alquimia

Conversaciones con los ángeles

Los años perdidos de Jesús

Ángeles caídos y los orígenes del mal

LA SERIE JARDINES DEL CORAZÓN
(Compasión, Perdón, Alegría, Gratitud,
Amor, Esperanza, Bondad y Paz)

Los Maestros y sus retiros Vol. I

Los Maestros y sus retiros Vol. II

La odisea de tu alma

La apertura del séptimo sello

Rosario del niño a la Madre María (2 cedés audio)

El decimocuarto Rosario (1 cedé audio)

El Aura Humana
Cómo activar y energizar tu aura y tus chakras

de Kuthumi y Djwal Kul, a través de
Mark L. Prophet y Elizabeth Clare Prophet

Lo que la ciencia está solo comenzando a descubrir, los sanadores, los místicos y los sabios lo han sabido desde siglos.

El aura humana. La ciencia ha comprobado su existencia. La fotografía Kirlian ha captado el color, la intensidad y el movimiento de su luminiscencia misteriosa. Los investigadores médicos de la Universidad de Yale han llegado a la conclusión de que las enfermedades se pueden detectar antes de que se manifiesten en el cuerpo físico mediante el estudio de esta fuerza vital que rodea a todo hombre, mujer y niño.

Sin embargo, la ciencia todavía tiene que proporcionar respuestas a muchos de los misterios sin resolver del aura. Dónde se origina este campo de energía. Cómo afecta la salud y la apariencia. El verdadero significado de sus colores. Cómo influye en el comportamiento, el éxito y las relaciones.

Dos libros en uno.

En el primer libro del Aura Humana, Kuthumi proporciona un marco de referencia para que descubras una nueva dimensión de ti mismo y da un ejercicio de tres partes para que actives la energía, la inteligencia y la creatividad que son innatas a tu ser.

En el segundo libro, Djwal Kul revela la ciencia de los siete principales centros de energía, o chakras, y su relación con la expansión del aura. A través de su avanzado programa de meditaciones y mantras, puedes desarrollar la capacidad para controlar las circunstancias que influyen en tu vida.

Incluye meditaciones, visualizaciones, afirmaciones, 25 ilustraciones a color de auras y chakras así como un glosario exhaustivo.

ESPIRITUALIDAD/ CRECIMIENTO PERSONAL/ CHAKRAS

5½ x 8½   140/215mm   352 PÁGINAS   US$15.95   ISBN 978-1-60988-250-1

eBook disponible

PARA MÁS INFORMACIÓN

Para descargar un capítulo gratis, visite:
www.tsl.org/SUPEspanol-capitulo-gratis

Para descargar un catálogo gratis, visite:
www.SummitUniversityPress.com

 Summit University Press Español
@SUPEspanol

Para más información sobre otros productos,
seminarios o conferencias, diríjase a:

Summit University Press Español
63 Summit Way
Gardiner, Montana 59030 U.S.A
Tel: 1-800-245-5445 o 406-848-9766
Fax: 1-800-221-8307 o 406-848-9555
e-mail: info@SummitUniversityPress.com
www.SummitUniversity.org
www.SummitLighthouse.org
www.SummitUniversityPress.com

ELIZABETH CLARE PROPHET es una escritora de renombre internacional y pionera en la espiritualidad práctica. Algunas de sus obras más populares se encuentran en la serie de espiritualidad práctica, que incluye *Almas compañeras y llamas gemelas* y *Llama violeta para curar cuerpo, mente y alma*. Otros títulos más vendidos son *Ángeles caídos y Los orígenes del mal*, *Los años perdidos de Jesús* y *Saint Germain sobre alquimia*. Una amplia selección de sus libros está disponible a nivel mundial en 32 idiomas. Todas las publicaciones en inglés y algunas en español se pueden encontrar como eBooks para Amazon Kindle, Barnes and Noble Nook, iPad Apple, todos los Kobo eReaders y en la mayoría de los teléfonos inteligentes.

PATRICIA R. SPADARO es una escritora experta en espiritualidad práctica. Es coautora con Elizabeth Clare Prophet de *Alquimia del corazón: Cómo dar y recibir más amor*, *El arte de la espiritualidad práctica*, *Karma y reencarnación* y *Cábala: la clave a tu poder interno*.